老板财税思维

周忠亭 沈丽芳 著

如何搞定老板的财税痛点

中华工商联合出版社

图书在版编目(CIP)数据

老板财税思维：如何搞定老板的财税痛点 / 周忠亭，沈丽芳著. — 北京：中华工商联合出版社，2023.1

ISBN 978-7-5158-3588-4

Ⅰ.①老… Ⅱ.①周… ②沈… Ⅲ.①企业管理—财务管理—中国②企业管理—税收管理—中国 Ⅳ.①F279.23②F812.423

中国国家版本馆CIP数据核字(2023)第022438号

老板财税思维：如何搞定老板的财税痛点

作　　者：	周忠亭　沈丽芳
出 品 人：	刘　刚
责任编辑：	胡小英
装帧设计：	胡志远
责任审读：	付德华
责任印制：	迈致红
出版发行：	中华工商联合出版社有限责任公司
印　　刷：	香河县宏润印刷有限公司
版　　次：	2023年3月第1版
印　　次：	2023年3月第1次印刷
开　　本：	710mm×1000mm　1/16
字　　数：	220千字
印　　张：	17
书　　号：	ISBN 978-7-5158-3588-4
定　　价：	158.00元

服务热线：010—58301130—0（前台）
销售热线：010—58302977（网店部）
　　　　　010—58302166（门店部）
　　　　　010—58302837（馆配部、新媒体部）
　　　　　010—58302813（团购部）
地址邮编：北京市西城区西环广场A座
　　　　　19—20层，100044
http://www.chgslcbs.cn
投稿热线：010—58302907（总编室）
投稿邮箱：1621239583@qq.com

工商联版图书
版权所有　侵权必究

凡本社图书出现印装质量问题，请与印务部联系。
联系电话：010—58302915

导 言

身为老板，应该懂得什么是"老板财税"

企业管理中，很多老板都对财税有一个很大的误解，即认为只有财务专业人士才需要掌握财税知识，员工、高管、创业者、老板等都无须了解财税知识。其实，这种认识是完全错误的，财税知识不仅对财务人员来说重要，对老板来说也同样重要，甚至更为重要。众所周知，财税是国家的经济命脉，同时也是企业的经济命脉，世界上发展好的企业没有一家是不重视财税的，它们往往都有非常规范和专业的财税管理机制；而这些企业的老板，对财税知识的了解和掌握，也都是专业级别的。一个重视和懂得财税管理的企业及企业老板，可以在合法合规的情况下交更少的税，让利润空间变大。所以财税是每一位老板都必须要掌握的一门专业知识。对于企业老板来说，只有对财税知识了解透彻，才能理解更多商业的基本逻辑。

财税是一种商业语言，要想理解它，就要从一些关键词汇入手，比如，利润、现金流。

利润是收入的质量。如何理解？假如你问一位老板，今年你们公司的

老板财税思维——如何搞定老板的财税痛点

营收怎么样？他回答：今年我们大概营收5个多亿，去年是3个多亿，营收增长了2亿多。那你今年赚了多少钱呢？他回答：利润跟去年差不多，去年赚了5000多万元，今年赚了6000多万元。从这位老板的回答中可以很明显地看出，他们的营收虽然涨了2亿元，利润却只涨了1000万元。可见，利润并未随营收线性增长。这就告诉我们，这家企业今年营收的质量不如去年。所以说，利润是收入的质量。一个只有好收入，而没有好利润的企业，并不是好企业。

现金流是利润的质量。如何理解？一个企业的账面利润很高，老板很满意，认为企业赚了很多钱。但是有一天老板让财务拿出500万元用于企业扩张，财务却说：老板，企业没有钱。这时老板会感到企业利润这么高，怎么会没有钱呢？钱到哪里去了？财务只好道出实情：企业账面利润是很高，但都是应收账款啊，钱都还没有收到。所以说，现金流是利润的质量。一个企业利润好不代表就是家好企业，要知道，企业经营，现金为王。

一家企业只有收入没有利润或者只有利润没有现金流，这需要具备专业财务知识的人以敏锐的财税洞察力去找到原因并消除，才能让企业走上正轨，获得健康可持续的发展。而老板作为一家企业的灵魂和核心人物，如果不懂财税知识，缺少财税思维，没有敏锐的财税洞察力，做出的决策就容易出错，尤其是中小企业，决策相对直接，更容易跑偏。因此老板只有保证所做的决策不出错，才能促进企业的可持续健康发展。而不懂财税知识，就无法保证所做决策的正确性。

其实，财税知识不仅关系到企业决策，将其放在企业的整个经营链条上来看，其与企业的每个经营环节都联系紧密。因而，老板不懂财税知识，不具备财务思维，就会引发融资之痛、投资之痛、报表之痛、管理之痛、税务之痛、决策之痛、战略之痛和发展之痛。现实中，这样的例子比比皆是：有的老板，把企业的钱当作自己的钱，随用随取，公私不分，导致涉嫌偷税、非法占用资金、抽逃出资的后果。有的老板，满足于蝇头小利，为了少交税，购买增值税专用发票，最后让自己身陷囹圄。这些都是不懂财税知识，没有财税思维的表现。

财税系统本是企业管理的核心，如今却成了很多企业的短板。老板不懂财税知识，缺少财税思维，就无法制定有效的财税政策，无法做到让财税体系指导企业决策和企业经营，在当下新旧动能转换之际，企业就容易把握不住机会，无法跟上时代变化的脚步，导致企业发展停滞或严重落后。

目 录

第一章
企业普遍存在的财税痛点

利润与税收之痛 / 2

税负成本之痛 / 6

个人所得税之痛 / 8

税务风险之痛 / 10

报表之痛 / 13

人员之痛 / 16

财富传承之痛 / 17

【案例】"三证统一""三流统一"和"三价统一" / 22

第二章
老板财税思维是企业发展的王者之道

规范财税——财税管理合法合规并实现制度化 / 26

设计股权——股权顶层设计要考虑纳税额度 / 30

管理报表——报表要条理明确 / 33

合法节税——在政策允许的范围内合理策划 / 39

合理避税——设计交税模式，控制税收成本 / 44

降低风险——有效控制财税风险 / 48

管控运营——注重合理投入，追求更高回报 / 62

增加利润——运用开源、节流、节税、市值等手段 / 64

【案例】从一个案例谈老板的财税思维 / 66

第三章
老板要读懂财务报表，能做财务分析

资产负债表帮你认识企业财务 / 68

利润表帮你了解盈亏 / 74

现金流量表助你察知现金循环 / 82

通过偿债能力分析企业负债是否合理 / 84

通过营运能力分析企业的成长性与可持续性 / 89

通过盈利能力分析利润的"含金量" / 93

通过现金流分析企业的变现能力 / 98

【案例】一家初创小企业的财务管理之道 / 101

第四章
企业财务管理实务，老板不可不知

管理好财务人员 / 104

做好资金管理 / 108

应收账款管理 / 113

控制库存 / 120

成本控制 / 125

融资管理 / 129

做好投资管理 / 132

固定资产管理 / 135

【案例】老板更需要懂财务 / 139

第五章
企业财税管理的热点与要点

财税趋势 / 142

企业财务热点问题 / 147

企业纳税热点问题 / 151

营改增后企业涉税管理要点 / 164

【案例】最新税收优惠政策的案例解读 / 172

第六章
"金税四期"企业税收的合理筹划

税收筹划基本思路 / 176

企业增值税筹划着眼点 / 178

企业个人所得税筹划方案 / 185

"金税四期"企业稽查节点 / 188

"金税四期"查到必罚的几个方面 / 191

合理利用税收优惠政策 / 193

【案例】如何从容应对"金税四期"稽查节点 / 195

第七章
"金税四期"企业增值税、企业所得税、个人所得税的涉税处理

在增值税方面，做好销项税和进项税的涉税处理 / 198

在企业所得税方面，做好应税收入和成本项目的涉税处理 / 202

在个人所得税方面，做好社保和个体工商户个人所得税减半征收的涉税处理 / 204

【案例】增值税、企业所得税、个人所得税的案例分析与计算 / 205

第八章
"金四"来临，企业需采取必要的纳税风险防范措施

要杜绝私户转账现象 / 210

不可通过借款来减少账面利润以躲避债务 / 214

杜绝不合规发票入账 / 216

不可做假账 / 218

实事求是，合法合规经营 / 220

做好存货管理 / 222

务必按照规章制度办理社保 / 223

【案例】纳税"零申报"对企业信用等级的影响 / 229

第九章
企业财税管控工具包：财、税、账、钱、管五大系统

财务战略支撑系统工具 / 234

税系统工具 / 240

账系统工具 / 244

钱系统工具 / 250

管系统工具 / 254

【案例】读懂公司的财务报表 / 258

第一章 企业普遍存在的财税痛点

老板财税思维——如何搞定老板的财税痛点

利润与税收之痛

面对财税政策的变化和调整，企业老板只有不断学习，才能跟上政策并灵活运用政策，避免给企业和自己带来不必要的风险。

一、税收 & 利润

每家公司多交税的情况各不相同，常见的主要有三种。

1.不了解税收政策，导致多交税

老板和财务不懂或者不学习税收政策，漏掉了当期可抵扣进项税额加计15%，导致多交增值税。

比如，甲企业符合加计抵减政策，5月增值税销项税额为10万元，进项税额为8万元，甲企业使用加计抵减政策后需要缴纳增值税税额为10-8×（1+15%）=0.8（万元）。漏掉使用加计抵减后需要缴纳增值税税额为10-8=2（万元）。那么，甲企业在5月多交增值税1.2万元。

根据《财政部 税务总局关于明确生活性服务业增值税加计抵减政策的公告》（财政部 税务总局公告2019年第87号）规定：

2019年10月1日至2021年12月31日，允许生活性服务业纳税人按照当期可抵扣进项税额加计 15%，抵减应纳税额（以下称加计抵减 15% 政策）。该规定的执行期限延长至 2022 年 12 月 31 日。

本公告所称生活性服务业纳税人，是指提供生活服务取得的销售额占全部销售额的比重超过 50% 的纳税人。生活服务的具体范围按照《销售服务、无形资产、不动产注释》（财税〔2016〕36 号印发）执行。

2. 企业支出不要发票，导致多交税

目前我国税务机关实行"以票控税"，企业所有的费用都要取得合法凭证，否则不能税前列支。不取得可税前列支凭证的费用，申报年度企业所得税时要纳税调增补交企业所得税，一般纳税人也没法抵扣进项税。可是很多老板、员工并不在意，认为不要发票便宜。其实不然，比如甲企业是一般纳税人，5 月支出一笔 100 万元用来购买生产设备，未取得发票。甲企业为了购买这台生产设备总花费为 100 万元，如果这 100 万元取得增值税专用发票，那么这台生产设备的总花费为 100 万元 – 可抵扣的进项税 100 万元 /（1+13%）×13%– 可税前扣除的企业所得税 100 万 /元（1+13%）×25%=66.37 万元。哪种方案对企业更有利显而易见。

3. 不做税收筹划，导致多交税

税是如何产生的？税是由企业发生的经济业务产生的，不同的业务性质产生不同的税。比如，酒店只提供会议场地（该会议场地属于 2016 年 5 月 1 日后取得的不动产），而不提供配套服务，属于不动产租赁，一般纳税人增值税税率为 9%。如果酒店既提供会议场地又提供配套服务，则属于会议展览服务，一般纳税人增值税税率为 6%。如果酒店不做税收筹划，只租赁场地而不提供服务，就要多交3%的增值税。

二、税收 & 风险

很多企业往往想通过偷税漏税的方式达到少交税的目的，但是一旦被税务机关稽查到，将面临高额的滞纳金及罚款。更严重的后果是被拉入失信黑名单，甚至承担刑事责任。

《中华人民共和国刑法》第二百零一条规定了逃税罪。以下三种行为是逃税罪的主要形式。

（1）纳税人采取欺骗或隐瞒手段，进行虚假纳税申报或不申报，逃避缴纳税款数额较大，且占应纳税数额的10%以上。需同时满足三个条件：不缴纳税款数额较大，超过5万元；逃避缴纳的税款占应纳税额的10%以上；经税务机关依法下达缴税通知后，拒不缴纳应交税款，拒不缴纳滞纳金，拒不接受行政处罚。

（2）扣缴义务人采取欺骗或隐瞒手段，进行虚假纳税申报或不申报，不交或少交已扣、已收税款，数额较大。

（3）纳税人缴纳税款后，用假报出口或其他欺骗手段，骗回所缴纳的税款，数额较大。

在收到税务机关发出的缴税通知书后，如果纳税人按要求补缴了应交税款、缴纳了滞纳金、接受了行政处罚，且是第一次出现前述情况，就不用再追究其刑事责任了。

逃税行为的一般表现形式如表1-1所示：

表1-1 逃税行为的一般表现形式

表现形式	说明
建立两套账销售逃税	实际上，瞒外不瞒内，瞒税务机关，不瞒企业内部，建立"对内"和"对外"两套账，应付税务机关检查。对外账上少计收入，隐瞒销售额，就能少交应交税款
开"白条"逃税	通常，企业购货要有正式发票回去做账，但有些企业财务制度不健全，财会人员把关不严格，收据即使是"白条"，也可以入账，这样就为一些销货单位和人员提供了隐瞒销售收入的机会
账外销售逃税	擅自提走已经入库的产品，即账外销售。此类货物和货款一般不会向税务机关申报纳税，买卖双方直接进行现金交易

老板财税思维——如何搞定老板的财税痛点

税负成本之痛

在实际生产经营中,企业的很多支出很难取得发票。如此,就会造成成本缺失,引发利润虚高,面临高昂的所得税和分红税,压力倍增,使企业发展受阻。为了降低利润,很多企业就会铤而走险,采用虚增员工工资、购买成本发票等方式,降低企业所得税。

企业所得税的计算公式是:

企业所得税=应纳税所得额×税率

应纳税所得额＝收入总额－不征税收入－免税收入－各项扣除－弥补亏损

举例:

某企业主要从事现代服务业,核心服务由自己的团队提供,客户以大中型企业为主。由于大客户的特性和相关硬性要求,在实际业务中,需要对该企业的全部收入开票。该企业一年的销售收入约有2000万元,所有的费用加起来只有约1000万元,企业实际利润约为1000万元,适用的企业所得税税率为25%。

其实,该企业的实际利润根本没有达到1000万元,因为为大型企业提供服务不仅要支付员工工资和相应的运营成本，还要支付一定的商务成本和公关成本，以及客户维护成本，而这部分商务成本、公关成本及客户维护成本往往很难取得发票。

为了解决利润虚高、税负虚高问题，该企业采用了虚增员工工资、购买成本发票等方式，降低企业所得税，给企业带来极大的税收风险。

虚增员工工资和购买成本发票是我国最常见的偷税、漏税行为，以往有些企业都通过这种方式来避税。但是，随着国家税收监管手段的加强，以及"金税四期"的上线，偷税、漏税行为将逃无可逃、避无可避。企业一旦被稽查到，将要面临补缴税款、高额滞纳金及罚款，甚至承担刑事责任的后果。

老板财税思维——如何搞定老板的财税痛点

个人所得税之痛

2018年6月19日,个人所得税法进行了第七次修正,在新个人所得税法中,首次增加了反避税条款。国税和地税的合并,有利于政府大数据建模监控企业。再加上社会保险司的成立,在社保入税后,征管力度得到极大的提高。虽然国家出台了各类减税降费政策,但是对于企业来说,依然要承担巨大的个人所得税和社保压力,引发了以下几种关于个人所得税的筹划痛点。

1. 股权激励税收筹划

在股权激励设计中,个人所得税需要重点考虑,采用不同的股权激励模式,高管个人所得税纳税筹划的内容和方法不同。不进行税收筹划,股权激励的税收成本很可能会达到45%；只有通过合理的架构设计和筹划安排,企业才能合法地将股权激励的税收成本降低。

2. 年终奖税收筹划

在2019年之前,很多企业都会选择适用年终奖单独计税政策。单独计税适用一个较低的税率,合并到发放月度算税率就会被抬高。从2019年开始,年终奖并入综合所得,可以让各项扣除应享尽享,对于部分人群来说，如果再让年终奖单独申报，反而会多交税，在年终奖筹划上需考虑的因素将会更多。

3. 自由职业者收入高，个人所得税成本高

随着经济的增长和分工的细化，很多人成为自由职业者，比如，自由撰稿人、保险顾问、地产经纪、广告中介、销售员、网红主播等。这类人通常具备两个特点：一是不跟企业或单位签订长期的劳动雇佣合同；二是为特定对象提供合法的服务性劳动并获取报酬。这部分人群面临的个人所得税税负不小，税率为 20%~40%。

4. 综合所得个人所得税汇算清缴

从 2020 年 3 月 1 日起，企业开始执行综合所得个人所得税汇算清缴工作。如何正确地完成个人所得税清缴工作，年终奖是否并入综合所得一起汇算，需要补缴个人所得税怎么办，需要个人所得税退回怎么办，成了企业及员工的重点关注内容。

5. 社保入税，社保成本高

在社保入税后，监管进一步加强，社保基数、计税基数，包括拆分工资等降低社保基数的情况，在税务局都能看得很清楚。为了降低用工成本，目前最好的方法是调整、优化、创新用工模式。

6. 高管工资高，面临高额税负

工资薪金个税适用 3%~45% 的七级超额累进税率，边际税率高达 45%。假设互联网公司高管年薪为 120 万元，按照我国现行个人所得税法及相关规定，暂不考虑相关扣除，其个人所得税约占据全部收入的 29.84%。

老板财税思维——如何搞定老板的财税痛点

税务风险之痛

随着金税系统的不断升级换代,"金税四期"上线,企业被稽查的税务风险大增,或将严查。

1. 虚开发票将清算。

如今,税务已经打造了最新税收分类编码和纳税人识别号的大数据监控机制,以后可能将有更多企业因为历史欠账虚开发票被识别出来。

2. 高收入个税面临严格管控,海外资产不安全

中国已经参与涉税信息交换,高工资、多渠道、多类型收入的将面临严查。随着CRS系统的成功落地,瑞士联邦税务管理局发布公告称,按照金融账户涉税信息自动交换(AEOI)标准,该机构已经在2018年9月底同其他国家的税务机关交换了金融账户信息,为历史上首次。

3. 工资表成为涉税新宠

近几年,在网络上出现了很多关于偷漏个税、工资造假的新闻。由于国家对发票严格管控,为了降低虚开发票的风险,有些企业干脆直接虚列工资。

(1)税务不上门核查,基本发现不了;

(2)金额往往不大,一般不容易预警。

但是，企业不能心存侥幸，一旦被抓，后果很严重。

4. 私户跟私户、私户跟公户之间划款 20 万元以上的会被严查

自然人税收管理系统已经独立于企业税收管理系统，自然人成为同法人组织同一序列的管理对象。同时，税务与银行已经实现信息共享，随着各种措施的推进和执行，为纳税人织起了一张网，环环相扣，让大额交易和异常交易无所遁形。

在"金税四期"等税收政策下，应如何规避财税风险？

1. 如果企业存在私户转账，则要尽快杜绝

在处理账务的过程中，要做到规范、准确。首先，要将公账和私账分开，公账只能用于企业经营。其次，要正常申报纳税。企业应当结合自身的实际情况，逐步提高自己的合规程度。如果公账与私账收付款无法避免，则要降低违规的操作。这时候，可以聘请法律顾问咨询评估风险，作出有效的应对处理。为了减少税务风险，还可以聘请税务专业团队，进行架构的调整和筹划，作出合法合规的节税方案。

2. 关注增值税发票的虚开

首先，不要为他人虚开增值税发票。企业要强化内控，建立规章制度，严格约束各部门的开票人员，不能为了眼前利益忽视涉票风险。涉票风险的防范，需要各部门的配合。其次，不要为了多抵税，恶意降低企业税负，非法获得跟自己经济业务不符的增值税专用发票。最后，一定要取得合法、正规的发票，杜绝不合规发票入账。

3. 不要让财务人员做假账

老板要明白做假账后果的严重性，做假账只会对企业和老板造成不可

估量的损失。一旦稽查，就会影响企业和法定代表人的信用等级评定，等上了黑名单后，如果再想创办企业或持续经营，就很难了。在这个问题的处理上，企业老板并不是专业人士，要认识到做假账后果的严重性，不能让财务人员为了蝇头小利失去做人做事的准则。

4. 隐匿部分库存的企业

企业要做好存货管理，统计好进销存，定期盘点库存，做好差异分析表。在"金税四期"上线后，企业的库存会更透明，税务机关可能更了解企业的进销存，如果账实不符，则一定要及时查漏补缺，并为实际账户制作差异分析表，避免实际库存不一致。

5. 社保要更加规范

过去，企业存在试用期不交社保、代别人挂靠社保、没有足额或没有缴纳社保、员工自愿放弃社保企业就不缴纳、不签合同就不缴社保、档案没有转就不给交社保等现象；如今，社保入税对社保的监管愈加严格，企业不要存在侥幸心理，要按照规章制度办理社保。

6. 虚增收入和利润的企业

一些企业为了能快速上市，会虚增收入和利润。虚增收入，以假乱真，伴随着发票的虚开，会给公司带来严重的税务风险。因此，企业要做到实事求是，合法合规地经营。

7. 为了减少账面利润，躲避债务偷税漏税等不当原因，不能借款

如果确实有合理、合法、合规的需求向企业借款，那么，在借款之前要召开股东会议，写好借款协议，注明资金的来龙去脉，表明何时归还。

8. 以虚增人头、大量零申报等手段，达到企业少缴或不缴个税的目的要立刻开始清理，但不要使用传统工资避税手法，以免造成麻烦。

报表之痛

在现实生活中，很多民营企业的老板对财务不是很熟悉，以至于出现了很多不可扭转的问题，比如，资金损失、财务漏洞、内部舞弊和腐败、税收违法等，甚至会导致破产、资金链断裂……

1. 算不清楚账

这是很多民营企业存在的普遍、典型问题，尤其是年营业额在 3 亿元以下的民营企业。很多老板都不知道公司的营业额，甚至有的老板对公司的成本都不是很清楚。在企业账目上究竟有多少钱，老板只知道一个大概数字。在薪酬设计、绩效考核、员工分红等问题上，老板只是按照一定比例给提成，账不清楚，带来很多麻烦。比如，为了提高员工的积极性，老板答应给大家 10% 或 15% 的分红，可等到分钱时，因为账不清楚，高管不认可老板的分红方法，就会闹着离职。

2. 资金周转太慢

资金的使用率低是很多企业中都存在的严重问题。比如，有的企业毛利润非常不错，但资金周转得比较慢，周转一圈需要 11 个月或一年。为了解决这个问题，老板只能去借高利贷。虽然毛利率高，但高利贷利息也高，结果公司基本不赚钱，就此放手又舍不得，对于老板来说，公司也就成了一种累赘。当财务管理落后时，资金就会周转慢、效率低，有些企业甚至还会出现资金丢失的情况。

3. 对财务人员管理不善

很多老板不是财务出身，不懂财税，也不知道怎么招聘财务人员，只觉得有经验、谈吐可以的就能胜任。当然，财务管理的问题远不止以上这些，但是造成这些问题的原因只有两个：领导对财务不重视和领导对财务不满意。

4. 税务风险太高

买卖发票、伪造单据、虚增成本、做低利润、做两套账、偷逃个税、套取出口退税……每年仅因增值税发票问题被判刑的老板就数不胜数。对中小企业老板来说，这些都是惨痛的教训。在处理税务的过程中，企业想当然地买卖发票，会严重威胁到企业的安全。

5. 做事没有预算

预算真的很重要。有的老板喜欢让员工写方案，天马行空就是一个新主意，然后开始干。可是，很少有人会考虑到控制成本。等到最后发现花的钱多了，又舍不得了，只能喊停。

6. 成本浪费严重

如何控制成本？这是所有老板都在考虑的问题。钱得花在刀刃上，不然后面的推广怎么办？时代在改变，老板的意识也在不断提高，随着企业规模的扩大，财务扮演的角色越来越重要。

老板必须知道以下 5 个财务数据：

（1）企业利润15%~20%，低于15%，说明管理不力，要调整；

（2）人员工资17%~22%，高于22%，要注意人员开支；

（3）材料成本20%~25%，高于25%，会亏损；

（4）礼品、赠品等成本5%~10%，包括转介绍老顾客回馈部分；

（5）年业绩必须高于投资额的250%。

人员之痛

财务岗位对公司有着重要影响，在上下级矛盾不断激化的情况下，如果处理不好，那么不仅是一两个员工的问题和责任，更会带来以下三个方面的风险。

1. 社会关系风险

公司与政府的关系主要体现在财务审计、税务监察和工商监督等方面，每个方面都很重要。社会关系风险是指在财务人员离开后，公司和政府的关系可能会脱节，所以，在财务人员离开后，要及时地做好与政府相关部门的沟通，以防社会关系方面的风险。

2. 财务风险

公司在进行财务管理时，可能会存在一些不规范行为，比如票据不正规报销，风险不小，如果财务人员失去理智，泄露了公司内部的资料，那么风险还可能被无限放大。如果公司还存在内外账、虚增成本等违规行为，风险就更大了。

3. 公司政治风险

公司政治风险往往体现在发票或支票不能回收上。财务人员跳槽，会涉及发票、支票或公司资金情况等信息的泄露，影响合作企业的判断，导致货款难以回收，风险相当大。

财富传承之痛

一、企业传承

家族企业财富传承可能会面临如下风险。

1. 婚变风险

婚变导致的分家破产是家族企业财富传承面临的主要风险之一：夫妻间企业财产、股权分割问题；引发财富严重缩水，造成代际传承的隐忧；因婚变内耗而被外人乘虚而入。

2. 家企资产混同风险

在企业发展的过程中，做不到公私分明，企业和家族的财产混同，将会给企业带来巨大的隐患。

（1）家族个人账户收取企业往来经营款，滥用企业资金购买家庭财产。

（2）企业融资由家族承担无限连带保证责任，一旦企业出现危机，则面临家财尽失的风险。

（3）滥用法人地位及股东职权损害债权人的利益。

（4）家族成员之间不同公司发生关联交易。

3. 股权代持风险

为了满足生产经营的需要，或者控股多家子公司，企业家可能请家族内部亲戚、朋友等代持股权，由此引发的风险主要有以下几种：

（1）代持人随意处置资产；

（2）代持人资信问题，导致资产被查封划转；

（3）代持人离婚、去世，导致财产被分割；

（4）在资产转让、股权分红时，被双重征税；

（5）代持协议被认定无效，权利人的股权不被承认。

4. 税收风险

不同财富形式的转移（比如股权、房产或其他金融资产）涉及的税收政策存在很大差异，家族企业及其相关继承者、被继承者都可能存在不同程度的税务风险。

对于在海外配置了财富的家族企业来说，家族成员在中国境内外的税收居民身份，资产所在地的相关税务问题和影响，尤其是某些海外国家的赠与税或遗产税税负等问题，都相对复杂。

目前，我国还没有搭建相关的信托税收法规体系，信托传承税务具有较大的不确定性，风险较高。

5. 遗嘱风险

将财富传承等同于财产继承，解决继承问题单靠遗嘱，是无法实现财富安全、有效地传承的，原因如下：瑕疵遗嘱，引发讼争；继承手续复杂，且费用高昂；遗嘱继承无法合理节税。

6. 财富提前继承的风险

在实践中，因为提前将全部财产过户到子女名下引发的悲剧数不胜数。

（1）提前失去对财产的控制权。

（2）将财产提前传承给没有成年的子女，影响对财产的有效利用。

（3）无法避免子女离婚分割财产的风险。

（4）无法避免败家子的风险。

7. 继承人争产的风险

不提前安排，各继承人就容易对遗产的多少、继承分配方案等产生争议，从而引发子女争产、夫妻反目、婆媳大战等豪门恩怨，被外人乘虚而入。

8. 无人接班的风险

企业家不幸遭遇意外，没有提前对企业财富进行规划和安排，整个企业和家族就会陷入群龙无首的混乱境地；如果企业家的子女不想子承父业，那么企业还会面临无人可传的问题。

二、资产传承

目前，常用的资产传承工具有遗嘱、生前赠与、家族信托和保险等，这些工具都有各自的特点。

1. 遗嘱

几乎所有的财产种类都适合采用遗嘱的方式安排。传承人在生前掌握财富的控制权，体现传承人的意愿，在一定程度上避免了继承纠纷。但这种方式也有一定的弊端，由于传承人的原因，遗嘱本身可能会存在无效的风险，也可能会发生继承要先还债的问题，绕不开继承权公证、无法规避遗产税、无法顾及财富世代传承等。

2. 生前赠与

此种方式简单易行，但弊端较大，常用于房产的继承。但是，如果子女后辈丧失事业的动力，就会面临较大的婚姻财富损失风险，无法保障个人养老。

3. 家族信托

设立家族信托是一种不错的选择。家族信托的优势是灵活，可以联名给几个孩子设立信托计划，也可以把房产、股权等打包设立信托计划。

目前，家族信托在国内还不成熟，国内的信托主要是以理财为目的的集合信托。

4. 管理权、股权传承

如果企业家的子女具备能力且愿意接班，那么企业的传承成功率相对较高；如果他们不愿意接班，就要尊重他们的选择。可以设置合理的股权结构，让子女成为股东，通过股权来实现财富传承。

不管子女是直接继承企业还是通过股权传承，都要做好企业资产和家庭资产的区分和隔离。当下有些企业经营并不规范，财务往往都有"两本账"，通过破产清算的企业很少，一旦出现债务问题，有限责任公司就要承担无限责任，所有资产都将被冻结或抵债。

其实，这种悲剧完全可以避免，方法就是做好企业资产和家庭资产的有效隔离，最大程度地保护自己和家人的资产安全。

5. 大额保单传承资产

保险的门槛低、成本低、操作简单、监管严格，虽然不适用于固定资产，但仍然是最安全、可靠的资产传承工具。

大额保单传承资产有两种方式：

（1）老板给自己购买大额终身寿险，并指定子女为身故受益人。

（2）老板自己做投保人，子女做被保险人，给子女购买大额的年金保险。

保险的财富传承安全保障确定，根据《民法典》和《保险法》的相关规定，指定受益人的身故保险金可以不用清偿债务人身前的债务。在子女婚姻存续期间，只要父母做投保人，并且保费是由父母出的，以子女为被保险人的保单也属于子女的个人资产，即使将来发生了婚姻风险，也不用担心财产被分割。

老板财税思维——如何搞定老板的财税痛点

[案例]"三证统一""三流统一"和"三价统一"

企业税务管控是现代企业管理中的重要组成部分，要想规避不必要的财务和税务风险，提高企业营收，增强企业竞争力，就要遵循"三价统一"原则，即合同价、发票上的金额（简称"发票价"）和结算价相互统一。

某建筑公司与某房地产公司签订了1亿元的建筑施工包工包料合同，其中的7000万元用于建筑公司购买建筑材料，另外的3000万元则用于施工劳务。结果，由于市场价格波动，建筑材料价格涨幅很大，出现了300万元的材料差价款。同时，房地产公司想改变绿化工程设计，打算追加工程量200万元。另外，工程提前完工，按照合同约定，房地产公司应该奖励建筑公司100万元……如此，最后的工程结算价为1.06亿元。该建筑公司给房地产公司开具了1.05亿元的建安发票；当建筑公司收到100万元奖金时，又开具了100万元的收据。

这样做会有涉税风险吗？

《中华人民共和国营业税暂行条例》（中华人民共和国国务院令第540号）第五条规定："纳税人的营业额为纳税人提供应税劳务、转让无形资产或者销售不动产收取的全部价款和价外费用。"《中华人民共和国营业税暂行条例实施细则》（财政部国家税务总局第52号令）第十三条规定："条例第五条所称价外费用，包括收取的手续费、补贴、基金、集资费、返还利润、奖励费、违约金、滞纳金、延期付款利息、赔偿金、代收款项、代垫款项、罚息及其他各种性质的价外收费。"

以此为依据，建筑公司收到的100万元奖金和300万元材料差价款都是价外费用，需要依法缴纳建筑业的营业税。案例中的建筑公司在收到奖金后，只给房地产公司开具了收据，是一种漏税行为。

最终的结算价为1.06亿元，合同价为1亿元，发票价为1.05亿元，结算价比合同价多出0.06亿元，出现了"三价不统一"的情况，这是不允许的。为了保证结算价与合同价的统一，建筑公司的工程师和总监理工程师必须针对材料价格上涨导致结算价高于合同价的原因、工程提前完工的奖金等写成书面报告，提交给房地产公司进行审核，得到房地产公司主管领导的签字。从本质上来说，该报告就是建筑施工合同的补充合同，也是建筑公司向房地产公司索取工程款的法律文书或法律依据。通过这样的法律手续，使结算价与合同价保持一致，即合同价从1亿元变为1.06亿元，建筑公司以结算价1.06亿元开具建安发票，房地产公司支付给建筑公司1.06亿元的工程款，也就实现了合同价、发票价和结算价的"三价统一"。

此外，企业还要遵循"三证统一"和"三流统一"等原则。所谓"三证统一"，是指法律凭证、会计凭证和税务凭证相互统一；而"三流统一"是指资金流、票流和物流（劳务流）相互统一。

第二章
老板财税思维是企业发展的王者之道

老板财税思维——如何搞定老板的财税痛点

规范财税——财税管理合法合规并实现制度化

中小企业甚至小微企业的税务意识和财税管理等都异常薄弱，有的企业甚至还没有税务的概念，完全处于被动的高风险状态。因此，税务风险和财税规范自然也就成了企业发展过程中重要且必不可少的组成部分，最容易被主观忽视。

一、财务管理合规合法

麦肯锡对中国破产企业的调查表明，中国企业的破产倒闭有三种类型：成长性破产、亏损性破产、盈利性破产。其中30%是盈利性破产，60%是成长性破产，只有10%是亏损性破产。也就是说，有高达90%的企业是在良好感觉中慢慢死去的。它们之所以倒闭，并不是由于亏损，而是因为财务管理不善，资金链断裂。

企业的失败通常都是由财务管理不完善导致的，但很少有企业老板会关注这个问题。因此，"财务的合规与财务的管理"也就成了企业管理的核心，更是真正能提高企业盈利能力与竞争力的关键。

合规建设是做好财务工作的基础，财务管理的本质就是财务合规管理，只要出现违规事项，就容易引发资金等财产损失。很多企业管理落后的根本原因就是缺少有效的财务管理。很多曾经声名显赫的"明星"企业，比如新疆德隆系、爱多、科隆、天津顺驰、健力宝、三九集团等都是在一夜之间倒塌的。这些企业倒闭的原因又惊人地相似：缺少有效的财务管理，导致资金链断裂。

二、财税管理的制度化

1. 建设和完善税务管理制度

这是企业内部税务管理机制能否正常持久发挥功能作用的关键。

税务管理制度的核心内容是：明确企业内部税务岗位的职能分工，认真落实岗位责任制，增强当事人的责任感。在建立税务管理制度的过程中，要重点把握以下四点：

（1）税务岗位的职责和权限要明确、具体，力求细化、量化，便于执行和考核；

（2）与税务管理不相容的岗位必须相互分离、相互制约和相互监督，以免出现混岗混责等情况；

（3）税务管理制度必须与企业内的其他管理制度连接在一起，有机配套，相辅相成，不能彼此脱节、相互矛盾，否则会影响其功能的发挥；

（4）要与时俱进，适时调整、修改、补充、完善其内容，提高制度的长效性。

2. 规范纳税操作实务

根据税收法规的现行规定，企业要依法缴纳的有增值税、消费税、所得税、资源税、印花税等，各税种的应缴税额的计算方法和会计核算方法都不一致，有的差异很大，在纳税申报、缴纳期限、加征减免、代扣代

老板财税思维——如何搞定老板的财税痛点

缴、退税返还等方面也各有特点，一旦混淆，就会造成差错而违反税法，引发税务风险。

为了提高税务处理质量，避免因操作失误而引发的税务风险，企业要发挥税务管理机制的规范功能，根据现行税收法规，以及企业会计核算和财务管理准则要求，将各税种的缴纳操作规程实施规范化处理，形成从税款的会计处理到如数入库全过程的纳税操作规范，或编成适合本企业特点的纳税规范手册，供内部人员参照执行。

3. 用好、用足税收优惠政策

对于中央和地方政府出台的税收优惠政策，要做到以下几点：

（1）要认真研究分析，深刻理解该项税收优惠政策出台的背景和目的，以及享受优惠待遇的对象和条件，结合企业的实际状况，科学论证享受该项税收优惠待遇的可能性和受惠程度，调整企业投资方向，加快技术创新进程；

（2）扩大经营范围，改进营销方式，向财务人员提出合法利用税收优惠政策的建议，供决策参考；

（3）要以高度的敏感性，衡量该项税收优惠政策可能给本企业带来的负面影响和隐性威胁，提前防范，不能被动。

4. 构建税务信息交流平台

在企业内部建立税务信息交流平台，明确税务相关信息的收集、处理和传递程序，提高税务信息的科学解读能力；主动通过税务信息交流平台，向企业领导层、管理层、其他部门和分支机构负责人提供需要引起关注的信息，并对税务信息进行释疑解难，发挥咨询作用。

5.强化税务活动实效考核

要定期组织力量对企业的税务活动逐项进行实效考核。考核的要点如下：

（1）依法纳税的理念是否真正确立；

（2）税务管理制度有无自觉执行；

（3）税收筹划是否积极开展，税务活动是否符合法规要求和操作规范；

（4）税收优惠政策能否充分运用；

（5）在实务处理中，是否存在主观故意或无意出错导致应纳税款多报、少报、漏报等现象；

（6）在税务信息运用中，有无不重视、不分析、不作为等情况。

税务活动实效考核要有计划、有重点地进行。

考核可以采取查阅资料、现场观察、个别访谈、小型座谈等形式。

从一定意义上来说，考核的过程就是自我评价的过程，重点在于搞清楚存在的不足及其成因，探讨自我完善的途径和方法，鼓励改革创新，充分发挥税务管理机制的多种功能，为企业的发展服务，因此考核不能走过场，要切切实实进行。

设计股权——股权顶层设计要考虑纳税额度

在创业初期，公司的股权架构设计往往只是在股东利润最大化与股东控制权上衡量，几乎不会考虑到税收因素。在股权架构中，税收因素发挥着非常重要的作用，决定着一个架构是否合理。特别是在现阶段，我国大力提倡资本市场的健康发展，对资本市场与股权相关的交易都给予了税收的较大优惠，只有充分利用这些优惠政策，设计出来的股权架构才是合理的，才能最大限度地实现股东财富与控制权。

在税法上，出资人身份不同，适用的税目与相关的优惠政策也不相同。下面是几种常用的出资人身份适用的税目和优惠政策。

一、股东身份为自然人

1. 取得分红

对于一般的非上市公司，在对盈利进行分红时，自然人股东取得分红时，要按分红的20%交纳个人所得税。但是，自然人股东从上市公司和新三板公司取得的分红按差别化交纳个人所得税：持股期限在1个月以内（含1个月）的，其股息红利所得全额计入应纳税所得额；持股期限在1个月以上至1年（含1年）的，暂减按50%计入应纳税所得额；持股期限超过 1 年的，股息红利所得暂免征收个人所得税。

2. 股权转让

对于普通公司的自然人股东，股权转让时的利得，按照"财产转让所得"，适用 20% 的比例税率，征收个人所得税。

自然人股东买卖股票所得，暂免征收个人所得税。

自然人股东转让新三板挂牌公司非原始股取得的所得，暂免征收个人所得税。

自然人股东转让新三板挂牌公司原始股取得的所得，按照"财产转让所得"，适用 20% 的比例税率，征收个人所得税。

二、股东身份为公司

1. 取得分红

股息、红利等权益性投资收益，免征企业所得税，但不包括连续持有企业公开发行并上市流通的股票不足 12 个月取得的投资收益。

2. 股权转让

股东转让股权赚取的利润，需要交纳企业所得税。

三、股东身份为有限合伙

有限合伙具有独树一帜的特性，多数持股平台采用的都是有限合伙，虽然优点较多，但在税收上也存在缺点。

1. 取得分红

有限合伙企业收到分红后是不用交税的，但将分红的利润再分给个人合伙人，却要按股息红利所得的 20% 交纳个人所得税，并且不享受上市公司与新三板公司的差别化免税的规定。

2. 股权转让

对于有限合伙企业转让股权，个人合伙人应按经营所得 5%~35% 的超额累进税率计算交纳个人所得税；但是对于创投性质的有限合伙，企业可以选择按单一投资基金核算或按创投企业年度所得整体核算两种方式之一，交纳个人所得税。

管理报表——报表要条理明确

一、利润表的关键指标

1. 企业的销售成本越少越好

只有把销售成本降到最低,才能把销售利润升到最高。虽然销售成本就其数字本身并不能告诉我们公司是否具有持续竞争优势,但是可以告诉我们公司的毛利润究竟有多少。

通过分析企业利润表,就能看出该企业能否创造利润,是否具有持续竞争优势。

企业能否盈利仅仅是一方面,还应该对该企业获得利润的方式进行分析,看看它是否需要通过大量研发来保持竞争力,是否需要通过财富杠杆来获取利润。

通过利润表中挖掘出来的信息,就能判断出该企业的经济增长原动力,因为利润的来源比利润本身更有意义。

2. 长期盈利的关键指标是毛利率

毛利润是企业的运营收入之根本,只有毛利率高的企业,才可能拥有高的净利润。

在观察企业是否具有持续竞争优势时，可以参考企业的毛利率，因为毛利率可以在一定程度上反映企业的持续竞争优势如何。

如果企业具有持续竞争优势，那么其毛利率就处于较高的水平，企业就能对其产品或服务自由定价，让售价远高于其产品或服务本身的成本。

如果企业缺乏持续竞争优势，那么其毛利率就处于较低的水平，企业就只能根据产品或服务的成本来定价，赚取微薄的利润。

如果公司的毛利率超过40%，那么该公司多半具有某种持续竞争优势；如果公司的毛利率在40%以下，那么该公司很可能处于高度竞争的行业；如果某个行业的平均毛利率低于20%，那么该行业一定存在过度竞争。

3. 关注销售费用

企业在运营过程中都会产生销售费用，销售费用的多少直接影响着企业的长期经营业绩。为了衡量结构比的合理性，在关注销售费用时，可以跟收入挂钩。另外，对于固定性的费用，可以通过变固定为变动来进行管控。

4. 衡量销售费用和一般管理费用的高低

在公司运营过程中，要重视销售费用和一般管理费用。要远离那些总需要高额销售费用和一般管理费用的公司，努力寻找具有低销售费用和一般管理费用的公司。

通常，这类费用所占的比例越低，公司的投资回报率就会越高。如果公司能够将销售费用和一般管理费用占毛利润的比例控制在30%以下，就值得投资。但这样的公司为数不多，很多具有持续竞争优势的公司该比例都控制在30%~80%。也就是说，如果一家公司或一个行业的这类费用比例超过 80%，就应该放弃投资了。

5. 远离研发费用高的公司

那些必须花费巨额研发费用的公司，一般都存在竞争优势上的缺陷，往往会长期处于风险中，投资它们并不保险。

那些依靠专利权或技术领先而维持竞争优势的企业，其实并不具备持续竞争优势，因为一旦过了专利权的保护期限或有新技术出现，这些所谓的竞争优势就会消失。企业要维持竞争优势，就必须花大量的资金和精力在新技术和新产品的研发上，这样就会直接导致净利润的减少。

6. 重视折旧费用

折旧费用影响着公司的经营业绩，在考察企业是否具有持续竞争优势时，一定要重视厂房、机器设备等的折旧费用。

7. 利息支出越少越好

跟同行业的其他公司比起来，利息支出占营业收入比例最低的公司往往也是最具有持续竞争优势的。利息支出是财务成本，而不是运营成本，可以用来衡量同一行业内公司的竞争优势，在一般情况下，利息支出越少的公司，其经营状况越好。

8. 不要忽视了非经常性损益

在考察企业的经营状况时，要先将非经常性项目等偶然性事件的收益或损失排除，再计算各种经营指标，毕竟这种非经常性损益不可能每年都发生。

二、对资产负债表的认知

1. 没有负债，才是优秀企业

发展良好的公司一般不用借钱，如果公司在极低的负债率下还拥有比较亮眼的成绩，就值得投资。

在投资时，不仅要选择负债率低的公司，而且要尽量选择业务简单的公司，这种公司虽然业务简单，但是做得不简单。

2. 现金和现金等价物保证公司安全

自由现金流是否充沛是衡量企业是否伟大的主要标志之一。自由现金流比成长性更重要。

对于公司来说，通常有三种途径来获取自由现金：发行债券或股票；出售部分业务或资产；一直保持运营收益现金流入大于运营成本现金流出。

3. 债务比例越高，风险越大

对于企业来说，负债经营犹如带刺的玫瑰，玫瑰上的刺太多，自己不小心就会被扎到。最好的方法是尽量选择没有刺或刺很少的企业，胜算才会大一些。

4. 负债率依行业的不同而不同

在观察企业的负债率时，一定要拿它和同时期同行业的其他企业的负债率进行比较，才是合理的。

虽然优秀企业的负债率都比较低，但是绝不能把不同行业的企业放在一起进行比较。

5. 不是所有的负债都必要

在选择投资企业时，如果从财报中发现企业是因为成本太高而导致了高负债率，则一定要慎重对待。因为不懂得节约成本的企业多半无法产出质优价廉的商品。没有质优价廉的商品，如何能为股东赚取丰厚的回报？

6. 零息债券好坏参半

零息债券是一个有用的金融工具，既可以节税，也能够为投资者带来收益，但也存在一定的投资风险。

在购买零息债券时，一定要提防不能按期付现。仔细观察该企业的信誉如何，不要被企业的表象所欺骗。

零息债券既可以救人，也会伤人，要努力让零息债券成为自己的帮手而不是敌人。

7. 当银根紧缩时，投资机会更多

只有保持充沛的资金流，当银根紧缩时，才不会望洋兴叹，错过良好的投资机会。

8. 固定资产越少越好

在选择投资企业时，要尽量选择生产那些不需要持续更新产品的企业。因为这种企业一般不需要投入太多资金在更新生产厂房和机器设备上，可以为股东创造更多的利润，让投资者得到更大的回报。

9. 无形资产无法测量

企业的无形资产和有形资产都很重要，在选择投资企业时，要多了解企业的声誉如何。

10. 优秀企业少有长期贷款

优秀企业一般不用长期贷款，但并不是说具有高额长期贷款的企业都是有问题的，要分析一下负债的原因，看看是不是杠杆收购等的缘故。

三、对现金流量表的认知

1. 自由现金流充沛，才是优秀企业

如果树林里没有鸟，那么你根本捕不到鸟。同样，如果企业不产生自由现金流，那么老板自然无法从中获利。获利的只可能是那些利用市场泡沫创造出泡沫的公司而已。企业只有拥有充沛的自由现金流，才能从投资中获得回报。

2. 有雄厚的现金实力，企业才能越来越好

企业现金实力雄厚，老板不仅可以生活得安稳一些，也可以抓住机会进行投资。

3. 自由现金流代表了真金白银

如果企业不依靠不断的资金投入和外债支援，仅靠运营过程中产生的自由现金流，就能维持现有的发展水平，就值得投资，千万不要错过。

4. 伟大的企业自由现金流都很充沛

自由现金流非常重要！在选择投资对象时，不要被成长率、增长率等数据所迷惑，只有自由现金流充裕，才能得到真正的回报。

5. 有没有利润上交完全不同

在把多数利润上交给母公司后，如果在企业账面上还有和同行业相同的业绩表现，就值得投资。

6. 资金分配是最重要的管理行为

最好的资金分配方式就是把利润返还给股东，一般有两种方式：一是提高股息，多分红；二是回购股票。

7. 自由现金流不能只看账面数字

不要完全依赖企业的会计账目，因为该账目并不能体现企业的经营全貌。

合法节税——在政策允许的范围内合理策划

企业想要节税，增加税后的净利润，在实际操作时，必须选择正确的方法，在不违反法律法规的前提下进行税务筹划。

合理避税并不是偷税、漏税，而是在合法的范围内减轻税收压力，避免因为税务知识的盲点而导致企业多交税或被税务局罚款。

一、容易忽视而导致多交税的情况

忽视了某些问题，很容易导致多交税。那么，具体该如何操作呢？

1. 即使没有生意，也要进行零申报

根据相关法律法规，在营业执照批下来后，企业每个月都要向税务局申报经营情况。不管有没有赚钱、有没有生意，都要根据运营情况做账，然后根据账本向税务局做税务的申报。如今，小规模企业一个季度的开票量如果不到9万元，则可以进行零申报。零申报办理起来比较简单，但如果不办理，那么企业将会面临2000元的罚款。

需要注意的是，如果企业长期零申报，则可能会被税务机关纳入重点监控范围，一旦出现不实情况，将会被税务机关依法查处。

2. 增值税税率只与行业有关，与进项税的税率无关

老板财税思维——如何搞定老板的财税痛点

《中华人民共和国增值税暂行条例》第二条规定：销售图书的税率是11%。即只要企业是一般纳税人，销售图书的税率就是11%。如果某销售图书的公司符合一般纳税人的条件，但拿到的印刷图书的进项税的税率是17%，在交税时，还能继续适用11%的税率吗？即在交税时，能否按11%的税率抵扣17%的税率？答案是肯定的。因为行业性质决定了增值税税率，与进项税的税率没有直接关系。

3. 即使合同作废，也要纳税

企业在日常经营过程中，必然会与外界签订合同，如果中间发生了意外，双方废止了合同，则也需要完成印花税缴纳义务。

《中华人民共和国印花税暂行条例》第七条规定：应纳税凭证应当于书立或领受时贴花。由此可以看出，企业是否要缴纳印花税，应该看合同的签订与否。也就是说，只要双方签订了应税合同，就应该在合同签订后申报缴纳印花税，而与该合同的过后作废、是否履行没有关系。

4. 不拿发票，就要多交税

税务机关实施"以票控税"，企业所有的支出都要取得合法凭证，否则不能税前列支。

能够取得合法凭证（发票）成了企业节税的重要方法，可是有些企业老板却不以为意，当对方以优惠为名，诱导企业不开发票时，就会同意，这样做其实并不明智。举一个例子：

某公司购买1000元的办公用品，如果不开发票只需付900元，而开发票则需付1000元，从表面看起来，不开发票能为企业节省100元。

但现实是：如果多支付 100 元，企业的所得税就能少交 330 元；而如果少支付 100 元，企业的所得税就要多交 330 元。开不开发票的区别一看就明白了。

所以，一定要记住：不拿发票就会多交税。

二、企业老板不可不知的税务技巧

1. 将个人专利以技术入股的方式投入公司

如果企业老板或员工个人拥有专利，并将其提供给公司使用，那么公司在对待个人的专利时，可以为其合理估价，以有价入股的形式纳入公司使用，并签订正式的合同。如此，专利就会成为公司的无形资产，会计人员就能采用合理摊销的方式将其计入成本费用，减少利润，达到合理筹划税务的目的。

2. 提高员工福利，计入成本，摊销利润

中小企业在生产经营过程中，可以在没有超过计税工资的范畴内适当提高员工工资，例如，为员工办理医疗保险、建立员工基金（如养老基金、失业保险基金、教育基金等），增加企业财产保险和运输保险等。如此，不仅可以调动员工的积极性，还可以将这些费用列入企业成本，摊销利润，减少税负。

3. 混合销售，依法面签，分别计税

一项销售行为如果既涉及服务又涉及货物，就是混合销售。其中包含两个要素：一是必须是同一项销售行为；二是必须涉及服务和货物。二者缺一不可。在这里要注意税务的筹划点。

例如，生产设备并提供安装服务的商家多半想做低材料价格和做高安装服务价格，让本该征收 17% 的材料增值税销售额变成征收 11% 的建筑服务销售额，降低增值税负担，提高税后收入。但是，对于购买方来说，往往更希望获得更多的进项抵扣税，提高报销额，即希望对方按照 17% 的税率纳税。

从这个意义上来说，开票也就成了双方博弈的过程。企业老板要认清这一点，以免自家多交税。最明智的做法就是，依法签订，分别计税，公平合理。

4. 补救发票，及时报销和入账

我国实行以票控税，涉及税收，发票一旦丢失，就很难重开一张。但是，如果没了发票，不能凭票报销和公司入账，怎么办？这时候，可以采取以下两种措施进行补救：

（1）从外单位取得的原始凭证如有遗失，则应当取得原开出单位盖有公章的证明，并注明原来凭证的号码、金额和内容等，由经办单位会计机构负责人、会计主管人员和单位领导人批准后，代作原始凭证；

（2）如果确实无法取得证明，比如火车票、轮船票、飞机票等凭证，则由当事人写出详细情况，由经办单位会计机构负责人、会计主管人员和单位领导人批准后，代作原始凭证。

5. 将公司费用与股东个人消费划分清楚

有些公司出资购买了房屋、汽车，却将权利人写成了股东，而不是付出资金的单位，而且该笔资金也没有在账面上列示股东的应收账款或其他应收款。这样做合理吗？

按照《中华人民共和国个人所得税法》及国家税务总局的关联规定，上述事项视同股东从公司分得了股利，必须代扣代缴个人所得税，相关费用不能计入公司成本费用，要在账面上列示股东的应收账款或其他应收款，给公司带来额外的税负。

合理避税——设计交税模式，控制税收成本

如何从财务管理上合理避税？答案就是，设计交税模式，控制税收成本。

一、利用国家税收优惠政策，合理避税

税收优惠政策的制定一般都是税收主权国家为了实现某一目的进行的，具有倾斜性，或是一些免征、减税措施。目前，为了吸引外资，对高新技术产业进行鼓励，对一些特定区域的经济发展进行扶持，我国有针对性地制定了一些税收优惠政策。

新税法在减少减免税项目的情况下，又规定了税收优惠政策，《中华人民共和国企业所得税法》第四章整章都是税收优惠政策，比如：

符合条件的小型微利企业，减按20%的税率征收企业所得税；高新开发区的企业减按15%的税率征收所得税。

利用"三废"作为主要原料的企业可在5年内减征或免征所得税；新创的高新企业从投产年度起免征所得税2年。

企事业单位进行技术转让以及与其有关的咨询、服务、培训等，年净

收入在 30 万元以下的暂免征所得税。

企业购置用于环境保护、节能节水、安全生产等专用设备的投资额，可以按一定比例实行税额抵免。

企业应利用这些税收优惠政策最大限度地避税。

1. 最新税收政策

（1）自 2021 年 4 月 1 日至 2022 年 12 月 31 日，小规模纳税人发生增值税应税销售行为，合计月销售额未超过 15 万元（以一个季度为一个纳税期的，季度销售额未超过 45 万元，下同）的，免征增值税。

自 2022 年 4 月 1 日至 2022 年 12 月 31 日，增值税小规模纳税人适用 3% 征收率的应税销售收入，免征增值税；适用 3% 预征率的预缴增值税项目，暂停预缴增值税。

（2）自 2021 年 1 月 1 日至 2022 年 12 月 31 日，对小型微利企业年应纳税所得额不超过 100 万元的部分，减按 12.5% 计入应纳税所得额，按 20% 的税率缴纳企业所得税；自 2022 年 1 月 1 日至 2024 年 12 月 31 日，对年应纳税所得额超过 100 万元但不超过 300 万元的部分，减按 25% 计入应纳税所得额，按 20% 的税率缴纳企业所得税。

2. 对高新技术企业的优惠政策

（1）企业的研发费用可以按 175% 进行企业所得税的税前扣除。

（2）申请成为"高新技术企业"，可以少交 10% 的企业所得税，按照利润的 15% 缴纳（非高新技术企业需要缴纳 25% 的企业所得税）。

这两项规定都能为高新技术企业减轻税负。

3.年终奖交税的优惠政策

年终奖的准确叫法是"全年一次性奖金",是一种比较优惠的算法,是全年仅有的一次可以除以12计算合适税率的税收优惠。

年终奖是对企业员工一年工作业绩的肯定。"年末双薪制"是最普遍的年终奖发放形式,多数企业尤其是外企都会使用这种方法。

企业要利用好"全年一次性奖金"的税收优惠政策,减轻税负,还需要注意以下事项:

(1)纳税人取得全年一次性奖金,单独作为一个月工资、薪金所得计算纳税。在一个纳税年度内,对每一个纳税人,该计税办法只允许采用一次。

(2)纳税人取得除全年一次性奖金以外的其他各种名目奖金,比如半年奖、季度奖、加班奖、先进奖、考勤奖等,一律与当月工资、薪金收入合并,按税法规定缴纳个人所得税。

(3)个人所得税的法定纳税主体是个人,企业为员工承担的个人所得税不能税前扣除,在年度汇算清缴时,企业应进行纳税调整,调增应纳税所得额。

很多税收优惠政策都是国家根据不同情况制定的,所以会有一定的时限性及范围限制。企业不要暴力使用税收优惠政策,一定要吃透政策,确保企业符合条件,保留好可以享受政策的证据,注意政策的时限性及有效性。

二、善用移转定价法,合理避税

转移定价法是企业筹划税收的基本方法之一,是指企业在产品交换和交易过程中,不按照市场公平价格,直接根据关联企业间的共同利益进行定价，可以让关联企业双方分摊利润或转移利润。

通常此方法的表现形式就是改变产品的价格，使之高于或低于市场公平价格，以实现少纳税或不纳税的目标。

转移定价的避税原则一般适用于税率有差异的相关联企业。通过转移定价，税率高的企业将部分利润转移到税率低的企业，最终减少两家企业的纳税总额。

转移定价最常见的方法就是按"成本加价"基础确定。

所谓成本加价法，就是以成本为基数，加上一定比例的毛利率，具体公式为：

$$P=c\times(1+r)$$

其中，P是产品单价，c是产品的单位总成本，r是产品的加成率。

该方法的优势在于：简单易行，资料容易获得；能够保证企业耗费的全部成本得到补偿，还能得到一定的利润；有利于保持价格的稳定，减少或避免价格竞争。

该方法的缺点在于：运用不太灵活，容易做出错误的决策；不利于企业产品成本的降低。

老板财税思维——如何搞定老板的财税痛点

降低风险——有效控制财税风险

税法条例每年都会发生变化,许多财务人员也因此感到疑惑:"这样开票、计税,到底存不存在问题?"要想有效管理这类风险,提高对税务风险点的认识,就要了解财税的风险节点。

一、企业所得税

1. 收入类

(1)取得手续费收入,未计入收入总额。比如,代扣代缴个人所得税取得手续费收入。应对方法如下:核查《其他应付款》科目下的"其他""手续费"等明细科目贷方发生额及余额,是否存在收到手续费挂往来不做收入。

(2)确实无法支付的款项,未计入收入总额。应对方法如下:核查"应付账款""其他应付款"明细科目中长期未核销余额。

(3)违约金收入未计入收入总额。比如,没收购货方预收款。应对方法如下:核查"预收账款"科目,了解往来核算单位中贷方金额长期不变动的原因。

(4)取得补贴收入,不符合不征税收入条件,往来款长期挂账,未计入收入总额。应对方法如下：核查"其他应付款""专项应付款"等科目贷方发生额，以及其相关拨付文件是否符合不征税财政性资金的相关规定。

（5）取得内部罚没款，往来款长期挂账，未计入收入总额。应对方法如下：核查"其他应付款——其他——监察部门""其他应付款——其他——纪检部门"等科目贷方发生额及相关原始凭证，有无可以确认不再退还当事人的罚款或违纪款。

（6）用于交际应酬的礼品赠送未按规定视同销售确认收入。依据《国家税务总局关于企业处置资产所得税处理问题的通知》（国税函〔2008〕828号），应对方法如下：核查"产成品"科目贷方直接对应"管理费用""销售费用""营业外支出"等科目是否在所得税申报时视同销售确认收入。

（7）外购水电气用于员工福利未按规定视同销售确认收入。依据《国家税务总局关于企业处置资产所得税处理问题的通知》（国税函〔2008〕828号）应对方法如下：核查"管理费用""员工福利费"等科目，审核水电气使用分配表等管理报表，是否存在用于员工福利的未确认收入。

（8）公司收取的安全生产保证基金，扣除当年实际发生的损失赔付、返回给下属企业金额等后，余额（含利息）没有确认收益，未并入应纳税所得额计算纳税。应对方法如下：核查"安保基金"等科目，审核安保基金使用的相关文件，对计提安保基金使用后的余额进行纳税调整。

（9）租金收入未按收入与费用配比原则确认收入。比如，土地使用权出租，跨年度取得租金收入，相关摊销已经计入成本，但是租金收益没有确认。依据《中华人民共和国企业所得税法实施条例》第九条和《国家税务总局关于贯彻落实企业所得税法若干税收问题的通知》(国税函〔2010〕79号),应对方法如下:核查"其他业务收入"等科目,审核租赁合同,按照税法规定进行纳税调整。

2.扣除类

(1)下属企业收到总部返回的安全生产保证基金,没有冲减相关费用;返回款形成资产的,其折旧和摊销在税前重复列支,没有进行纳税调整。应对方法如下:核查"安保基金"等科目,审核安保基金返还的相关文件,看安保基金返还及使用是否符合税法规定。

(2)安保基金返回款用于有税前扣除标准规定的支出,合并计算后超标准部分没有进行纳税调整。比如,用上级返还的安保基金直接发奖金或补助未计入工资薪金总额进行纳税调整;用上级返还的安保基金直接列支员工教育经费,造成实际列支的员工教育经费支出超标,超过部分没有进行调整。依据《国家税务总局关于企业工资薪金及员工福利费扣除问题的通知》第二条和《中华人民共和国企业所得税法实施条例》第四十二条,应对方法如下:核查企业是否将发生的员工教育经费直接冲销上级返还的安保基金,以及其他科目下列支员工教育经费未并入"应付员工薪酬——员工教育经费"科目核算,其超过工资薪金总额2.5%的部分是否没有进行纳税调整。

(3)计提但没有实际支出的安全生产费,没有调增应纳税所得额。应对方法如下:核查"其他应付款——其他——安保基金返还"科目年末贷方余额是否在企业所得税申报时进行纳税调整。

（4）计提但没有实际支出的福利费和补充养老保险等，以及计提但没有实际拨缴的工会经费，没有进行纳税调整。应对方法如下：核查"其他应付款"科目，审核企业在当年发生的工资、福利费、工会经费和补充养老保险在汇算清缴时的有效凭证是否能提供齐全，否则不能在税前扣除。

（5）支付与取得收入没有关系的其他支出，没有进行纳税调整。比如，奥运会和世博会门票等。应对方法如下：核查"管理费用"等科目，审核相关支出费用的合同或管理规定，有无支付与取得收入没有关系的费用。

（6）应由个人负担的费用作为企业发生费用列支，没有进行纳税调整。比如，个人车辆消费的油费、修车费、停车费、保险费以及其他个人家庭消费发票；已出售给员工个人的住房维修费；员工参加社会上学历教育以及个人为取得学位而参加在职教育所需费用。应对方法如下：核查企业是否在"管理费用""销售费用""营业费用"等科目中列支应由员工个人负担的个人所得税、私人车辆维修费、养路费、年检费和保险费等费用。

（7）列支以前年度费用，没有进行纳税调整。应对方法如下：核查企业以前年度应计未计费用、应提未提折旧是否在当年及以前补计或补提。

（8）员工福利费超过税法规定扣除标准，没有进行纳税调整。比如，发生福利费性质的费用，如防暑降温费、食堂费用等，没有通过员工福利费科目核算，也没有并入福利费总额进行纳税调整。依据《中华人民共和国企业所得税法实施条例》第四十条和《国家税务总局关于企业工资薪金及员工福利费扣除问题的通知》（国税函〔2009〕3号），应对方法如下：核查企业"管理费用""销售费用""营业费用"科目下"其他——专项费

老板财税思维——如何搞定老板的财税痛点

用""差旅费用""特批开支"等明细科目，是否有应作为工资薪金的津贴、补贴、奖励、加班工资等支出没有在企业所得税申报时进行调整。

（9）工会经费税前扣除凭据不合规，没有进行纳税调整。比如，用普通收款收据拨缴工会经费。依据《国家税务总局关于工会经费企业所得税税前扣除凭据问题的公告》(国家税务总局公告2010年第24号)，应对方法如下：核查企业"管理费用——其他——特批费"和"应付员工薪酬——工会经费"等科目，上缴时是否取得工会经费拨缴款专用收据。

（10）补充养老保险费和补充医疗保险费超过税法规定扣除标准，没有进行纳税调整。依据《财政部 国家税务总局关于补充养老保险费、补充医疗保险费有关企业所得税政策问题的通知》(财税〔2009〕27号)，应对方法如下：核查"管理费用"等科目，审核经批准的扣除标准，对超过标准部分进行纳税调整。

（11）业务招待费用支出超过税法规定扣除标准，没有进行纳税调整。比如，部分企业技术开发、消防警卫、外宾接待、在建工程、特批费和奥运会专项经费中发生的业务招待费，没有并入业务招待费总额进行纳税调整。应对方法如下：核查企业是否将"管理费用"科目下"警卫消防费""其他——专项经费""外宾接待"等明细科目和"销售费用"科目下"差旅费"等明细科目以及"研发支出""在建工程"等科目里发生的业务招待费在所得税申报时一并进行纳税调整。

（12）为员工支付商业保险费税前扣除，没有进行纳税调整。比如，为员工支付人身意外险，为高管支付商业险。应对方法如下：核查企业是否在"管理费用——其他科目"和"应付员工薪酬——员工福利"科目下列支各种商业险，没有在企业所得税申报时进行纳税调整。

（13）赞助性支出，没有纳税调整。比如，向消防员支付的慰问金和补助。应对方法如下：核查"营业外支出"或"管理费用"等科目，对赞助性质的支出进行纳税调整。

（14）税收滞纳金和罚款支出，已在税前扣除，没有进行纳税调整。应对方法如下：核查企业在"管理费用"和"营业外支出"等科目里支付的税收滞纳金和各种行政罚款是否在企业所得税申报时进行纳税调整。

（15）建造、购置固定资产发生的应予资本化的利息支出，作为财务费用税前列支，没有进行纳税调整。应对方法如下：核查"财务费用""在建工程""固定资产"等科目，审核相关借款合同和用途支出，对应资本化的利息进行纳税调整。

（16）应予资本化的固定资产大修理支出，一次性列支，没有进行纳税调整。应对方法如下：核查企业固定资产的大修理支出，是否同时符合修理支出达到取得该资产时的计税基础50%以上，以及修理后使用年限延长2年以上这两个条件。

3.资产类

（1）资产处置所得，没有计入应纳税所得额。比如，固定资产、无形资产等资产的处置。应对方法如下：核查"其他业务收入""其他应付款"等科目，对资产处置合同进行审核，看看是否按税法规定进行纳税调整。

（2）资产损失没有按规定审批直接在税前申报扣除，没有进行纳税调整。依据《企业资产损失税前扣除管理办法》(国税发〔2009〕088号)第五条和《企业资产损失所得税税前扣除管理办法》(国家税务总局公告

老板财税思维——如何搞定老板的财税痛点

2011年第25号）第五条，应对方法如下：核查企业发生的资产损失是否经过审批或申报后在税前扣除，申报的损失是否符合税法文件规定。

（3）无形资产摊销年限不符合税法规定，没有进行纳税调整。应对方法如下：核查企业"累计摊销"科目中发生摊销时间是否低于税法规定的最低摊销年限。

（4）停止使用的固定资产继续计提折旧，没有进行纳税调整。应对方法如下：核查"长期停工费用"科目，结合企业财务报告，审核停工项目费用明细，对不符合税法规定的项目进行纳税调整。

（5）将固定资产作为低值易耗品核算，一次性列支，没有进行纳税调整。应对方法如下：核查"周转材料"或"低值易耗品"等科目，对应按固定资产核算的低值易耗品进行纳税调整。

（6）不征税收入形成资产折旧在税前扣除，没有进行纳税调整，比如，企业取得来源于政府有关部门的港建费补贴，按不征税收入确认，但支出所形成的资产仍然计提折旧在税前重复扣除。依据《中华人民共和国企业所得税法实施条例》第二十八条和《财政部 国家税务总局关于专项用途财政性资金有关企业所得税处理问题的通知》（财税〔2009〕87号），应对方法如下：核查企业取得来源于政府及其有关部门的财政补助、补贴、贷款贴息和港建费分成收入等不征税财政专项资金，其支出形成的费用或其资产所形成的折旧、摊销是否在计算应纳税所得额时扣除。

4.税收优惠类

（1）资源综合利用产品自用部分视同销售，不能享受减计收入的税收优惠，没有进行纳税调整。比如，资源综合利用项目回收蒸汽、可燃气，用于本企业再生产部分。

（2）研发费用加计扣除不符合税法规定，没有进行纳税调整。应对方法如下：核查"研发费用"科目，审核研发费用项目数据归集表，对不符合税法规定的项目进行纳税调整。

5.其他类

（1）新税法实施后补计2008年之前发生的收入或冲销2008年之前列支的支出，没有按照当期适用税率进行核算。应对方法如下：核查企业是否将2008年前应作收入推迟到2008年及其以后年度作收入，以及2008年及其以后年度应计费用提前至2008年之前扣除。

（2）总部期间费用纳税申报时全部分摊到高税率的东部地区扣除，不再适用优惠税率的西部地区摊销。依据《中华人民共和国企业所得税法实施条例》第一百零二条，企业同时从事适用不同企业所得税待遇的项目的，其优惠项目应当单独计算所得，并合理分摊企业的期间费用。应对方法如下：核查企业2008年共同负担的期间费用是否在不同税率的东、西部企业合理分摊。

（3）在销售费用中折扣额与销售额不在同一张发票的，没有进行纳税调整。应对方法如下：核查"销售费用"等科目，对列明折扣额的进一步审核销售发票、销售合同，对不符合税法规定的应进行纳税调整。

（4）不合规抵扣凭证，没有进行纳税调整。应对方法如下：核查企业是否在成本费用列支时使用白条、假发票等不符合规定的票据在税前扣除。

（5）吸收合并业务不适用特殊重组政策。依据《财政部 国家税务总局关于企业重组业务所得税处理若干问题的通知》(财税〔2009〕59号)，企业没有按规定备案，不能按特殊重组进行税务处理。应对方法如下：核查合并重组协议，对没有经税务机关备案的，应进行纳税调整。

（6）天然气产销量差异超过合理损耗部分没有确认收入。应对方法如下：核查生产报表、销售报表、财务报表等，对产品产销差异超过合理损耗部分，应进行纳税调整。

二、增值税

1. 销项类

（1）将购进货物无偿赠送其他单位或个人没有视同销售货物计算交纳增值税。应对方法如下：核查"营业费用""营业外支出""应付员工薪酬——福利费"等科目，将自产、外购的货物无偿赠送他人，以及将自产的货物用于员工福利或个人消费未计增值税。

（2）从事货物生产及销售的企业发生除《中华人民共和国增值税暂行条例》第六条规定之外的混合销售行为，应当交纳增值税。应对方法如下：核查"销项税金"科目，审核销售合同，对属于应征增值税的混合销售行为的计提销项税额。

（3）处置自己使用过的固定资产，没有计算交纳增值税。比如，处置旧汽车、旧设备等。

（4）出售废旧货物没有计算交纳增值税。比如，销售自己使用过的除固定资产以外的废旧包装物、废旧材料等没有按13%的税率申报交纳增值税。依据《财政部 国家税务总局关于部分货物适用增值税低税率和简易办法征收增值税政策的通知》(财税〔2009〕9号)，应对方法如下：一般纳税人检查销售自己使用过的除固定资产以外的物品是否按 13% 适用税率申报增值税，是否存在没有计提增值税或错按 4% 征收率减半交纳增值税。

（5）销售购进的水、电没有计算交纳增值税。比如，加油站向施工方收取的水电费和租赁房屋单独收取的水电费。应对方法如下：核查企业通过"其他业务收入"科目或红字冲销管理费用和制造费用等方式收取水电费没有计提增值税。

2. 进项类

（1）非油气田企业的非增值税应税劳务取得的进项不能抵扣，没有进行进项转出。比如，接受技术服务、装卸、含油污泥处理和废催化剂处理等劳务，取得的增值税进项税额不能抵扣。应对方法如下：核查"应交税费——进项税"等科目，审核相关劳务合同等资料，对不属于增值税劳务范围内的其他劳务抵扣的进项税不能抵扣。

（2）购进材料用于不动产在建工程，不能抵扣，没有进行进项转出。比如，新建、改建、扩建、修缮、装饰加油站所购进的彩钢瓦、涂料、地砖、铝塑板、洁具、墙面漆等货物的进项税额不能抵扣。应对方法如下：核查"应交税费"等科目，审核 ERP 系统 ps 模块（在建工程）核算的材料领用情况，将应作进项税转出而实际没有转出的材料费进行归集。

（3）以建筑物或构筑物为载体的附属设备和配套设施，取得的进项不能抵扣，没有进行进项转出。依据《财政部 国家税务总局关于固定资产进项税额抵扣问题的通知》（财税〔2009〕113 号），应对方法如下：核查"应交税费——进项税""固定资产"等科目，审核安装合同等，对不符合税法抵扣规定的进行纳税调整。

（4）购进货物用于集体福利或个人消费，不能抵扣进项，没有进行进项转出。比如，员工食堂耗用的食用油和液化气等。应对方法如下：核查"应交税费——进项税"科目，有无将业务招待用食品、厨房设备、厂区公寓维修、员工食堂耗用的食用油和液化气等用于集体福利或个人消费而购进的货物抵扣增值税。

3. 其他

比如，适用税率错误。《中华人民共和国增值税暂行条例》列举了适用低税率货物，除此之外的其他货物应当区分具体情况按照适用税率征税。比如，企业销售自产水蒸气、加工水（如冷凝水、循环水、除氧水、化学水、盐水等）。应对方法如下：核查"其他业务收入"科目，审核其他业务收入凭证，有无按照适用税率计提增值税。

三、消费税

对个别企业存在的下述税收风险，应依据《中华人民共和国消费税暂行条例》及实施细则、《财政部 国家税务总局关于提高成品油消费税税率的通知》（财税〔2008〕167号）等消费税文件的规定进行纳税调整。

1. 个别应征消费税产品未计提消费税

应对方法如下：核查"应交税费——消费税"等科目，审核"报表系统"中的"BLBH"等专项报表，查看是否有应征消费税产品没有计提消费税的情况。

2. 石脑油对外销售，没有取得《石脑油免税证明单》应计提未计提消费税

应对方法如下：核查"应交税费——消费税"等科目，审核"石脑油证明单"核销情况，对不符合政策的外售石脑油征收消费税。

3.自产自用应税消费品,用于员工福利、作为燃料耗用或生产非应税消费品等其他方面,没有计算缴纳消费税

应对方法如下:核查"应交税费——消费税"等科目,审核"报表系统"中的"BLBH"专项报表及装置投入产出报表,结合生产物料移送情况,对应征消费税的成品油征收消费税。

4.部分产品改变名称后应计提未计提消费税

应对方法如下:核查"应交税费——消费税"等科目,审核企业提供的未征消费税产品合格证、化验单与应税消费品的合格证、化验单进行比较,查询ERP系统sq01(发票模块),对比争议产品与应税产品的价格、归集物料组、货物流向等信息,进一步约谈企业生产技术人员和报表管理者,对产品特征属成品油范畴的产品征收消费税。

5.消费税成品油子税目和税率适用错误

应对方法如下:核查"应交税费——消费税"等科目,审核企业提供的产品合格证、化验单,查询ERP系统sq01(发票模块),对比产品价格,约谈企业生产技术人员,对应税产品应属成品油种类进行界定,按照适用税率征收消费税。

四、城建税和教育费附加

在缴纳消费税、增值税的同时没有计算缴纳城市维护建设税和教育费附加,应对方法如下:核查企业实际缴纳的增值税、消费税金额与适用税率计算后是否与缴纳的城市维护建设税和教育费附加相匹配。

五、印花税

企业以订单、要货单等确立供需关系、明确供需各方责任、据以供货

和结算的业务凭证,没有按规定贴花。依据《中华人民共和国印花税暂行条例》及其细则、《国家税务总局关于各种要货单据征收印花税问题的批复》(国税函〔1990〕994号)和《国家税务总局关于印花税若干具体问题的解释和规定的通知》(国税发〔1991〕155号),应对方法如下:逐项翻阅订单、要货单等具有合同性质的凭证,根据所载金额计算应缴纳印花税,与已缴纳印花税进行比对,查看是否足额缴纳印花税。

六、个人所得税

1. 单位和个人缴纳的补充医疗保险金、补充养老保险费,没有代扣代缴个人所得税

依据《财政部 国家税务总局关于基本养老保险费、基本医疗保险费、失业保险费、住房公积金有关个人所得税政策的通知》(财税〔2006〕10号)、《国家税务总局关于单位为员工支付有关保险缴纳个人所得税问题的批复》(国税函〔2005〕318号),应对方法如下:逐项核查"管理费用""销售费用"所属各明细账,查看有无缴付补充医疗保险、补充养老保险等;再进一步翻阅凭证,查看在缴付补充医疗保险、补充养老保险时是否并入当月工资、薪金缴纳个人所得税。

2. 发放给个人的过节费、高温费(或购物卡),没有代扣代缴个人所得税

应对方法如下:核查"应付员工薪酬——应付福利费""应付员工薪酬——工会经费""管理费用"等明细账,查看有无发放过节费、高温费等费用;再进一步翻阅凭证,查看发给个人的上述福利费是否并入当月工资、薪金缴纳个人所得税。

3.单位和个人超过规定比例和标准缴付的住房公积金,超过部分没有并入个人当期的工资、薪金收入,计征个人所得税

依据《财政部 国家税务总局关于基本养老保险费、基本医疗保险费、失业保险费、住房公积金有关个人所得税政策的通知》(财税〔2006〕10号)、《住房公积金管理条例》《建设部 财政部 中国人民银行关于住房公积金管理若干具体问题的指导意见》(建金管〔2005〕5号),应对方法如下:核查企业每月为员工缴付的住房公积金是否按照"单位和个人分别在没有超过员工本人上一年度月平均工资12%的幅度内(月平均工资不能超过员工工作地所在设区城市上一年度员工月平均工资的3倍)"来计算,超过部分并入当月工资、薪金所得计算缴纳个人所得税。

七、房产税

企业自建(购置)房屋、建筑物,没有依法缴纳房产税。依据《财政部 国家税务总局关于房产税若干具体问题的解释和暂行规定》(财税地字〔1986〕8号)、《国家税务总局关于房产税、城镇土地使用税有关政策规定的通知》(国税发〔2003〕89号),应对方法如下:核查"固定资产"账户中房屋、建筑物、构筑物等应税资产的原值,计算是否足额缴纳房产税。

八、土地使用税

企业以出让或转让方式有偿取得土地使用权,没有按税法规定的纳税义务发生时间计算缴纳土地使用税。依据《财政部 国家税务总局关于房产税、城镇土地使用税有关政策的通知》(财税〔2006〕186号),应对方法如下:核查企业取得的土地使用证等权属资料证明,根据权属资料所载时间,查看相应应税面积是否在规定时间内缴纳土地使用税。

管控运营——注重合理投入,追求更高回报

投资的关键绩效指标是考核投资预算执行效果最关键、最重要的依据,投资的失误是企业最大的失误,一项重要的投资失误可能会使一家企业陷入困境,甚至破产。

要想避免盲目投资,最好的方法是编制投资预算。投资预算的结果并不是最重要的,只有通过编制投资预算对投资项目进行反复思考和筹划,才能对项目的投资目的和风险做到心中有数。

编制投资预算就要对关键绩效指标进行深入研究、评价,同时做好以下两点:

(1)必须明确投资是一项经济行为,在进行投资时要克服"政治""人际关系"等因素的影响;

(2)在进行投资时,不仅要做好投资预算,还要充分考虑到投资项目面临的风险,做好投资项目现金流量预算。只有充分考虑货币时间价值和投资风险价值的投资预算,才可能取得良好的效益。

投资的关键绩效指标主要包括投资回收期、投资收益率、净现值、净现值率、现值指数、内部收益率等。

1. 投资回收期

投资回收期指的是以投资项目经营净现金流量抵偿原始投资所需要的全部时间。

2. 投资收益率

投资收益率又称投资利润率，指的是投资收益占投资成本的比率。

3. 净现值

净现值指的是投资所产生的未来现金流的折现值与项目投资成本之间的差值。该方法利用净现金效益量的总现值与净现金投资量算出净现值，然后根据净现值的大小来评价投资方案。净现值为正值，投资方案是可以接受的；净现值是负值，投资方案就是不可接受的。净现值越大，投资方案越好。

4. 净现值率

净现值率指的是净现值与投资现值之比，表示单位投资所得的净现值。净现值率小，单位投资的收益就低；净现值率大，单位投资的收益就高。

5. 现值指数

现值指数指的是投资方案未来现金净流量现值与原始投资额现值的比值。现值指数大于1，方案可行，且现值指数越大，投资方案越优。

6. 内部收益率

内部收益率指的是资金流入现值总额与资金流出现值总额相等、净现值等于零时的折现率。通常内部收益率用计算机计算，找到净现值等于零或接近于零的那个折现率。

老板财税思维——如何搞定老板的财税痛点

增加利润——运用开源、节流、节税、市值等手段

增加利润的四种手段为开源、节流、节税、市值。

一、开源

利润得有源头，源头是什么？就是销售。没有销售，一分利润也没有；增加一分销售，利润就相应地增加一分。比如，家电企业要想增加利润，就能采用三个增加销售的建议：一是多派出销售人员到市场上去，占领空白市场；二是让现在的代理商增加同一品种的销售；三是开发新的产品，占领货架。

二、节流

利润等于销售收入减去成本。仅提高销售收入，成本不跟着降下来，利润也就成了空话。那么，如何才能降低成本？以下几种方法是最常用的：裁员或降低工资；砍掉不必要的销售费用与行政费用；采用新技术与新工艺降低制造成本；降低采购成本。虽然方法很多，但要想降低成本并不容易。

三、节税

不节税，只能增加企业成本。

企业要想合法节税，可以充分利用现行的一些税收优惠政策，对症下药。

四、市值

做好市值管理，企业在利润增长的同时，市值才能不断增加，即使不花广告费，也能提高企业的知名度。而且随着市值的增加，企业融资的额度和规模也会增加，抗击风险的能力也会越强，同时也能赢得广大投资者的尊重。

[案例] 从一个案例谈老板的财税思维

某企业购买一批服装,从服装厂取得增值税专用发票,金额为20万元,增值税额为3.4万元。由于企业没法证明该批服装属于工作服,因而存在不能抵扣增值税的风险。

如果该企业有足够的证据来佐证这批服装不是送给员工个人的或送给他人的,是属于公司财产,与公司经营有关,则允许抵扣增值税。证据链包括:

(1)具有购买工作服的采购合同;

(2)在公司劳动手册上明确写着:工作服属于公司所有,员工离职一律交回公司;

(3)公司内部制度要求员工上班必须穿工作服。

第三章 老板要读懂财务报表,能做财务分析

老板财税思维——如何搞定老板的财税痛点

资产负债表帮你认识企业财务

资产负债表也叫财务状况表,是反映企业在某一特定日期的全部资产、负债、所有者权益情况的会计报表。资产=负债+所有者权益。

从资产负债表中我们可以了解到一家企业到底有多少资产,资产分布情况,这些资产的来源,短期负债有多少,长期负债有多少,股东投资了多少钱、能享受到多少权益,如表3-1所示:

表3-1　资产负债表

项目	金额	项目	金额
流动资产	P	流动负债	M
		非流动负债	
非流动资产		所有者权益	N
资产总计	P	负债与所有者权益	M+N

资产就是在外人看来公司有多少钱和物可以支配;

负债就是欠别人的早晚要归还的那部分资产;

所有者权益就是投资者能从公司分得的利益。

如果公司在某天不幸破产,那么在资产抵债以后剩余部分就归投资者所有了，但前提是公司还清债务后依然有剩余，如果资不抵债，那么投资者就什么都拿不到。

一、资产负债表中的关键指标

1. 自有资金和银行借款

通常，对于企业来说，自身拥有的资金越多越好，而向外借款越少越好。例如，"老干妈"是国内知名的辣椒酱品牌，年销售额高达34亿元，每年纳税4亿元，但它没有上市融资，因为它根本就不缺钱。

向银行借款要关注期限长短，短期借款金额太大，同时自有货币资金又远小于即将到期的借款金额，企业资金链就容易出问题；长期积累的借款逐年增多，则说明公司缺少赢利和偿债能力。

2. 应收账款和存货

应收账款和存货都是资产负债表中的关键，不法企业很容易通过这两项来舞弊或粉饰报表。

（1）应收账款。通过应收账款，可以知道企业的总资产并判断企业的负债水平。正常来说，企业的负债水平以70%为上限，高于70%，企业就会面临较大的风险，应该予以关注。负债水平过低，则说明企业经营比较保守，或发展机会有限。

（2）存货。所谓存货，就是企业在正常生产经营过程中持有以备出售的产品或商品，或是为了出售仍然处在生产过程中的，或是将在生产过程或提供劳务过程中耗用的材料、物料等。通常，存货的多少代表着公司的存量，存货太多，就会不可避免地占用企业资金，影响资金流动，影响付现偿债能力，降低企业活力。

3. 固定资产和无形资产

固定资产具有实物形态，代表了企业的硬实力，在使用过程中还会保持不变；而无形资产（如专利权、商标权等）则不具有实物形态，以隐形形式体现，不是人们通过感官能直接接触到或感受到的，代表了企业的软实力。二者都是企业的长期资产。

资产的多少在一定程度上代表着企业的负债水平，但不能简单地认为资产越多负债就越少，或资产越少负债就越多，要视具体情况而定。

4. 应付账款和应付员工薪酬

应付账款是指在购买过程中产生的欠客户的钱。如果企业总是欠款不还，就说明企业在市场上是没有信用的，缺少扩大发展的必要基础。

应付员工薪酬是企业在经营过程中欠员工的钱。要判断其是否持续增长，如果其持续增长，就说明企业存在问题，或陷入经营困境。

5. 资本公积

资本公积是企业收到的投资者的超出其在企业注册资本所占份额，以及直接计入所有者权益的利得和损失等。有些企业为了粉饰利润，为了跟控股股东之间发生一些不可告人的秘密，把一些交易通过输送利润的方式注入利润表，但根据目前的会计准则，只能放入资本公积。如果企业在一定时期内资本公积太大，则很可能存在操控利润的现象。

二、资产负债表中的重要分析指标

1. 反映企业财务结构合理性的指标

（1）净资产比率 = 股东权益总额 ÷ 总资产

该指标主要用来反映企业的资金实力和偿还债务安全性，其倒数就是负债比率。

净资产比率的高低与企业资金实力成正比，该比率太高，则说明企业财务结构不合理。

该指标一般控制在50%左右，但对于一些特大型企业来说，参照标准应有所降低。

（2）固定资产净值率 = 固定资产净值 ÷ 固定资产原值

该指标反映的是企业固定资产的新旧程度和生产能力，最好超过75%。该指标对于工业企业生产能力的评价有着重要意义。

（3）资本化比率 = 长期负债 ÷ （长期负债 + 股东股益）

该指标可以反映企业需要偿还的及有息长期负债占整个长期营运资金的比重，不能太高，应控制在20%以下。

2. 反映企业偿还债务安全性及偿债能力的指标

（1）流动比率 = 流动资产 ÷ 流动负债

该指标主要用来反映企业偿还债务的能力。通常，该指标应保持在2∶1的水平。太高的流动比率主要反映了企业的资金没有得到充分利用，而该比率过低则说明企业偿还债务的安全性较弱。

（2）速动比率 = （流动资产 – 存货 – 预付费用 – 待摊费用） ÷ 流动负债

在通常情况下，该比率最好控制在1∶1的水平。但在实际工作中，该比率（包括流动比率）的评价标准还要根据行业特点来做出判断，不能用同一标准来对待。

（3）每股净资产 = 股东权益总额 ÷ （股本总额 × 股票面额）

该指标反映股东对企业净资产所拥有的权益，说明股东所持的每股股票在企业中所具有的价值，即所代表的净资产价值。

通常，该指标越高，每股股票所代表的价值就越高。但是，这应该与企业的经营业绩相区分，因为每股净资产比重较高可能是由于企业在发行股票时取得了较高的溢价所致。

三、资产负债表主要项目分析

资产负债表主要项目分析内容如表3-2所示：

表3-2 资产负债表主要项目分析内容

项目		说明
资产类项目	货币资金项目	该项目以其独一无二的流动性傲居资产首位，货币资金揭示了企业账面的真金白银数量
	应收账款和应收票据项目	该项目反映了企业的资金被顾客占用的情况。企业要加强应收款项的管理，以免形成坏账
	预付账款项目	该项目反映了企业预付给供应商或提供劳务方的款项，表示企业的资金被供应商或提供劳务方所占用
	存货项目	该项目主要包括原材料、在产品、产成品、周转材料等，金额太大，表示存货占用资金过多，形成资金沉淀。要分析存货占用资金是否合理、周转是否正常
资产类项目	固定资产项目	该项目表示企业在房屋建筑物、机器设备等固定资产方面投入的资金。要结合存货项目分析固定资产的产能是否合理、是否得到有效利用、固定资产和流动资产的比例是否合理等
	无形资产项目	该项目反映了企业自创或外购的专利权、非专利技术、商标权等，反映了企业的软实力
负债项目		负债反映了企业占用债权人的资金，或欠债权人的钱。这里的债权人包括银行及非银行金融机构、企业的供应商、提供劳务方、企业员工、国家等。分析负债项目，不仅要关注期限结构，还要关注负债成本情况，即负债有无利息 通常，在经营过程中形成的负债，比如应付账款、预收账款等都是无息的，无息负债特别是预收账款的数量可以在一定程度上反映企业在供应链中的地位

续表

项目	说明
所有者权益项目	所有者权益项目基本上可以划分为两大类：一类是筹资活动引起的实收资本和资本公积的增加；一类是企业创造的利润在分配环节留存企业的，包括盈余公积和未分配利润，通常合称为留存收益 分析所有者权益项目，要关注企业的"造血"功能是否正常；是依赖自身"造血"，还是靠外界"输血"；是否具有可持续性；留存收益项目是稳步增长，还是大起大落

老板财税思维——如何搞定老板的财税痛点

利润表帮你了解盈亏

一份完整的财务报表摆在老板面前，多数人首先关心的肯定是本年度赚了多少，而不是又增加了多少负债。多数股东往往更关心公司本年度的经营状况是盈利还是亏损，值不值得他们继续投资……这时，利润表就显示出了它的重要性。

利润表可以反映企业在一定会计期间的生产经营成果，盈利或亏损一看便知。

利润表就像一个漏斗，进来1000万元，去除各项费用及税之后，剩下的利润可能只有100万元，这就告诉我们：收入减去所有的成本和费用，得到的就是最终利润。它还能告诉我们：企业是否赚了钱，这些钱是从哪里赚的。因此，只有快速读懂利润表，才能了解企业的经营状况。

一、看懂利润表项目

利润表反映了企业在一定会计期间（如月度、季度、半年度或年度）的生产经营成果，揭示了企业在某一特定时期实现的各种收入，发生的各种费用、成本或支出，以及利润或亏损的情况，是企业经营资金的动态表现。

在利润表中，收入按其重要性进行列示，主要包括营业收入、投资收益、营业外收入等；费用按其性质进行列示，主要包括营业成本、税金及附加、销售费用、管理费用、财务费用、营业外支出、所得税费用等；利润按营业利润、利润总额和净利润等利润的构成分项列示。

1. 营业收入

报表使用者一般都异常重视该项目，营业收入的数据及其变动趋势是评价业绩的关键，是公司产生经营活动现金流量的来源，是评价该公司市场竞争力、盈利能力的主要指标之一。

基于对行业和企业经营环境的了解，首先，可以将本期营业收入与上期营业收入进行比较，分析产品销售的结构和价格变动是否异常；计算本期重要产品的毛利率，与上期比较，看看是否存在异常，各期之间是否存在重大波动。

其次，可以比较本期各月各类营业收入的波动情况，分析其变动趋势是否正常，是否符合企业季节性、周期性的经营规律，查明异常现象和重大波动的原因。此外，可以将本期重要产品的毛利率与同行业企业进行对比分析，检查是否存在异常。

通过数据分析，就能发现企业是否存在收入操纵行为的危险信号，比如计提巨额的坏账准备、销售收入与生产能力比例失调、销售收入与经营现金流量相背离、收入主要来自关联销售等。

2. 营业成本

营业成本是指企业销售产品或提供劳务的成本，营业成本应当与销售产品或提供劳务而取得的收入相配比。

制造企业的生产成本占据营业成本的大部分，其构成主要包括生产材料（原材料、辅助材料、备品备件、外购半成品、动力燃料、包装物等）和人工成本（生产人员的工资、奖金、津贴和补贴以及直接从事产品生产人员的职工福利费等）。有少数企业通过推迟结转生产成本来调节利润，真实了解企业的营业成本是分析产品毛利率的基础工作之一。

3. 税金及附加

税金及附加反映了企业经营业务应负担的土地使用税、消费税、资源税、房产税、印花税、车船税、城市维护建设税和教育费附加等。其中，城市维护建设税和教育费附加属于附加税，增值税和企业所得税不在此填列，这些应交税费直接与营业收入有关，按照法定比例计算。

4. 销售费用

销售费用是指企业在销售产品或提供劳务过程中发生的各项费用，不仅包括企业负担的包装费、运输费、装卸费、展览费、广告费、租赁费（不包括融资租赁费），还包括为销售产品而专设的销售机构费用，如员工工资、福利费、差旅费、办公费、折旧费、修理费和其他经费。在通常情况下，销售费用的增减与营业收入的增减是同步的，可以通过销售费用比率的计算来检测合理性和销售成效。

5. 管理费用

管理费用是指行政管理部门为组织和管理生产经营活动而发生的各种费用，具体项目包括由企业统一负担的公司经费、工会经费、劳动保险费、董事会费、聘请中介机构费、咨询费、诉讼费、业务招待费、办公费、折旧、存货跌价准备、坏账计提准备、土地使用费、绿化费、管理者工资及福利费等。管理费用是企业保持经营运转的基础保障。

6. 财务费用

财务费用是指企业发生的各类财务费用，虽然是因取得营业收入而发生的，但与营业收入的实现并没有明显的因果关系，不宜将它计入生产经营成本，主要包括利息支出、汇兑损失、银行手续费和其他费用。

销售费用、管理费用、财务费用俗称"三费"，同属于期间费用，在发生的当期就计入当期的损益，结转后该项目应无余额。

7. 资产减值损失

资产减值损失是指资产的可收回金额低于其账面价值。其中，资产减值对象主要包括对联营企业或合营企业的长期股权投资、采用成本模式进行后续计量的投资性房地产、固定资产、生产性生物资产、无形资产、商誉、探明石油天然气矿区权益等。

通过利润表，就能知道资产是否存在可能发生减值的迹象，对于存在减值迹象的资产进行减值测试，计算资产的可收回金额。如果可收回金额低于账面价值，就要按照可收回金额低于账面价值的金额计提减值准备。需要指出的是，因企业并购形成的商誉和使用寿命不确定的无形资产，无论是否存在减值迹象，都应当进行减值测试。

8. 公允价值变动损益

公允价值变动损益是指企业以各种资产，如投资性房地产、债务重组、非货币交换、交易性金融资产等公允价值变动形成的应计入当期损益的利得或损失，即公允价值与账面价值之间的差额。

通过支付一定的成本取得一项资产后，后续采用公允价值计量模式时，期末资产账面价值与公允价值之间就会形成这种差额。为了减少对公司的净利润与应交所得税的影响，需要根据持有期间与处置期间分别确定。

9. 投资收益

投资收益是指企业对外投资获得的收入（所发生的损失为负数），如企业对外投资取得的股利收入、债券利息收入以及与其他单位联营分得的利润等，企业处置交易性金融资产、交易性金融负债、可供出售金融资产实现的损益也在该项目核算。

10. 营业外收入

营业外收入是指与企业业务经营没有直接关系的各种收入，主要包括非货币性资产交换利得、出售无形资产收益、债务重组利得、企业合并损益、盘盈利得、因债权人原因确实无法支付的应付款项、政府补助、教育费附加返还款、罚款收入、捐赠利得等。营业外收入并不是由企业经营资金耗费产生的，不需要企业付出代价，只是一种纯收入，不需要匹配有关的费用。

11. 营业外支出

营业外支出是指与企业业务经营没有直接关系的各种支出，主要包括固定资产盘亏、处置固定资产净损失、出售资产损失、债务重组损失、罚款支出、捐赠支出、非常损失等，其中，"非流动资产处置损失"为单列。营业外支出是与营业外收入相对应的项目。

企业正常经营，通常营业外收入和支出都不会太多，有些项目很少发生，一旦发生，都有具体的情况和原因。如果是固定资产盘盈、待处理财产损溢、其他应付款等账户出现激增，就要多加关注，看看有无人为调节的痕迹。

12. 其他综合收益

其他综合收益反映了企业没有在损益中确认的各项利得和损失扣除所得税影响后的净额，内容包括可供出售金融资产公允价值变动形成的利得和损失、可供出售外币非货币性项目的汇兑差额形成的利得和损失、权益法下被投资单位其他所有者权益变动形成的利得和损失、存货或自用房地产转换为采用公允价值模式计量的投资性房地产形成的利得和损失、金融资产的重新分类形成的利得和损失、套期保值形成的利得和损失、与计入所有者权益项目相关的所得税影响所形成的利得和损失等。

二、利润表分析

在了解了主要项目后，可以利润表为对象，从多个角度分析企业的盈利状况和经营成果，了解公司的盈利状况和获利能力，并通过收入、成本费用的分析，具体判断公司获利能力的高低。

通过对利润表的水平分析，从利润的形成角度，能够知道利润额的变动情况，揭示企业在利润形成过程中的管理业绩及存在的问题。

通过对利润结构变动的分析，主要是对利润表的垂直分析，能够知道各项利润及成本费用与收入的关系，反映企业各环节的利润构成和成本费用水平。

通过对利润分配表的分析，就能知道企业利润分配的数量与结构变动，揭示企业在利润分配政策、会计政策以及有关法规变动方面对利润分配的影响。

通过对分部报表的分析，可以了解企业在不同行业、不同地区的经营状况和经营成果，为企业优化产业结构、进行战略调整指明方向。

1. 企业盈利能力分析

企业盈利能力分析主要侧重如下几个指标。

（1）产品毛利率。产品的毛利水平反映了企业的初始获利能力，是企业实现利润总额的起点，可以表明其对营业费用、管理费用、财务费用等期间费用的承受能力。

计算公式为：

产品毛利率＝（营业收入－营业成本）÷营业收入×100%

（2）利润率。利润率是实现的利润总额与营业收入之比，通过对利润率的分析，可以了解企业每实现一元收入所获得的利润水平。

计算公式为：

利润率＝利润总额÷主营业务收入×100%

（3）总资产报酬率。总资产报酬率是指实现的净利润（税后利润）与总资产平均占用额之比，反映了企业利用全部资源的获利能力。

计算公式为：

总资产报酬率＝净利润÷总资产平均余额×100%＝收入净利率×总资产周转率

由公式可以看出，总资产报酬率取决于净利润水平和总资产周转速度。

（4）净资产收益率。净资产收益率又指所有者权益收益率或股东权益收益率，是获得的净利润占所有者权益平均余额的百分比。

计算公式为：

净资产收益率＝净利润÷所有者权益平均余额×100%

（5）资本保值增值率。资本保值增值率是指期末所有者权益余额与期初所有者权益余额的比率，反映了所有者权益保值或增值的情况。

计算公式为：

资本保值增值率＝期末所有者权益余额÷期初所有者权益余额×100%

2. 企业发展能力分析

企业发展能力是指通过生产经营活动获得收益的增长，以及用自身形成的资金取得发展趋势的能力。

企业发展能力分析主要侧重以下几个指标：

收入增长率＝本期收入增加额÷上期收入总额×100%

净利润增长率＝本期利润增加额÷上期利润总额×100%

总资产增长率＝本期总资产增加额÷上期末资产总额×100%

资本积累率＝本期所有者权益增加额÷上期末所有者权益×100%

此外，还可以计算出销售费用、管理费用、财务费用等各占营业收入的百分比，分析费用结构是否合理，对不合理的费用要查明原因；同时，对费用进行针对性分析，了解增减变动趋势，对公司的管理水平和财务状况等做出判定，对公司的发展前景进行有效预测。

利润表是依据"收入－费用＝利润"来编制的，主要反映一定时期内公司的营业收入减去营业支出之后的净收益。通过利润表，可以对上市公司的经营业绩、管理的成功程度做出评估，从而评价其投资价值。

现金流量表助你察知现金循环

现金流量表是反映企业现金流入与流出信息的会计报表。这里的"现金"指的是广义的现金，不仅包括企业在财会部门保险柜里的现钞，还包括银行存款、短期（3个月以内）证券投资以及其他货币资金。

现金流量表可以反映企业经营活动、投资活动和筹资活动所产生的现金收支活动，以及现金流量净增减情况，有助于分析企业的变现和支付能力，把握企业的生存和发展能力。

一、现金流量表的要素

在现金流量表中，主要有如下几个要素。

1. 来自经营活动的现金流量

这种现金流量可以反映企业开展正常业务而引起的现金流入量、流出量和净流量，例如，销售产品、提供劳务等形成的现金流入量，购买材料、支付税款和人员工资等形成的现金流出量。

2. 来自投资活动的现金流量

这种现金流量可以反映企业取得和处置证券投资、固定资产和无形资产等活动所引起的现金收支活动及其结果，例如，转让固定资产形成的现金收入，购入股票和债券等投资形成的现金流出。

3. 来自筹资活动的现金流量

这种现金流量可以反映企业在筹集资金过程中所引起的现金收支活动及其结果，如企业吸收股本、发行债券、取得借款形成的现金注入量。不涉及现金收支的投资与筹资活动，通常不会引起本期的现金收支，也就不会影响本期的现金流量变动，但会对未来的现金流量产生重大影响，如对外投资偿还债务、固定资产对外投资等。

二、现金流量的分析

现金流量的分析主要从三个方面进行，如表3-3所示：

表3-3 资金流量的分析内容

分析内容	说明
分析现金净流量的增减变化	本期现金净流量增加，表明企业短期偿债能力增强，财务状况得到改善；反之，则表明企业财务状况比较困难。但也并不是现金净流量越大越好。现金净流量太大，企业就没有有效利用这部分资金，会造成资源的浪费
分析现金流入量的结构	经营活动是企业的主营业务，其提供的现金流量可以不断用于投资，再生出新的现金流。来自主营业务的现金流量越多，表明企业发展的稳定性越强 投资活动是为闲置资金寻找投资场所，筹资活动则是为经营活动筹集资金。这两种活动发生的现金流量都可以为主营业务的辅助活动提供服务。这部分现金流量太大，至少说明企业财务状况不稳定
分析投资和筹资活动的现金流量	在分析投资活动时，要注意区分对内投资和对外投资： （1）对内投资的现金流出量增加，意味着固定资产、无形资产等的增加，说明企业正处于经营扩张期，成长性较好 （2）对外投资的现金流入量大幅增加，意味着企业现有经营资金不足，为了满足生产经营的需要，正在从外部引入资金。如果对外投资的现金流出量大幅增加，则说明企业资金富余，正在通过转让资产使用权来获取额外收益

通过偿债能力分析企业负债是否合理

偿债能力是指企业偿还到期债务（包括本息）的能力。

偿债能力分析包括短期偿债能力分析和长期偿债能力分析。

一、短期偿债能力分析

短期偿债能力是指企业流动资产对流动负债及时足额偿还的保证程度，是衡量企业当前财务能力，特别是流动资产变现能力的重要标志。

企业短期偿债能力分析主要采用比率分析法，衡量指标主要有流动比率、速动比率和现金流动负债比率。

1. 流动比率

流动比率是流动资产与流动负债的比率，表明企业每年的流动负债有多少流动资产作为偿还的保证，反映了企业的流动资产偿还流动负债的能力。

计算公式为：

流动比率 = 流动资产 ÷ 流动负债 × 100%

通常，流动比率越高，企业短期偿债能力越强。该比率越高，不仅反映企业拥有较多的营运资金抵偿短期债务，而且表明企业可以变现的资产数额较大，债权人的风险越小。但是，太高的流动比率也并不是好现象。

从理论上讲，流动比率维持在 2∶1 的水平是比较合理的。但是，行业性质不同，流动比率的实际标准也不同。所以，在分析流动比率时，需要将其与同行业平均流动比率进行对比。

2. 速动比率

速动比率又称酸性测试比率，是企业速动资产与流动负债的比率。

计算公式为：

速动比率 = 速动资产 ÷ 流动负债 × 100%

其中，速动资产 = 流动资产 − 存货

速动资产 = 流动资产 − 存货 − 预付账款 − 待摊费用

在计算速动比率时，从流动资产中扣除存货，是因为存货在流动资产中变现速度较慢，有些存货可能滞销，无法变现。至于预付账款和待摊费用根本不具有变现能力，只是减少企业未来的现金流出量，所以理论上也需要剔除，但在实务中，它们在流动资产中所占的比重较小，在计算速动资产时也可以不扣除。

传统经验认为，速动比率维持在 1∶1 的水平较为正常，速动比率太低，企业的短期偿债风险较大；速动比率太高，企业在速动资产上占用资金过多，会增加企业投资的机会成本。

3. 现金流动负债比率

现金流动负债比率是指企业一定时期的经营现金净流量与流动负债的比率，可以从现金流量角度来反映企业当期偿付短期负债的能力。

计算公式为：

现金流动负债比率 = 年经营现金净流量 ÷ 年末流动负债 × 100%

其中，年经营现金净流量指在一定时期内，由企业经营活动所产生的现金及现金等价物的流入量与流出量的差额，它是从现金流入和流出的动态角度对企业的实际偿债能力进行考察的。

用现金流动负债比率指标评价企业的偿债能力更为谨慎。该指标较大，表明企业经营活动产生的现金净流量较多，能够保障企业按时偿还到期债务。但该指标也不是越大越好，太大则表明企业流动资金利用不充分，收益能力不强。

二、长期偿债能力分析

长期偿债能力是指企业偿还长期负债的能力，其大小可以反映企业财务状况稳定与否及安全程度高低。其分析指标主要有4个。

1. 资产负债率

资产负债率又称负债比率，是企业的负债总额与资产总额的比率，表示在企业资产总额中，债权人提供资金所占的比重，以及企业资产对债权人权益的保障程度。

计算公式为：

资产负债率＝（负债总额÷资产总额）×100%

资产负债率高低对企业的债权人和所有者具有不同的意义。

债权人希望资产负债率越低越好，此时，其债权的保障程度就越高。

对于所有者来说，最关心的是投入资本的收益率。只要企业的总资产收益率高于借款的利息率，举债越多，即资产负债率越大，所有者的投资收益越高。

通常，企业负债经营规模应控制在一个合理的水平，资产负债率应掌握在一定的标准内。

2. 产权比率

产权比率是指负债总额与所有者权益总额的比率,是企业财务结构稳健与否的重要标志,也称资本负债率。

计算公式为:

产权比率=(负债总额÷所有者权益总额)×100%

产权比率反映了所有者权益对债权人权益的保障程度,即在企业清算时对债权人权益的保障程度。

该指标越低,表明企业的长期偿债能力越强,对债权人权益的保障程度越高,承担的风险越小,但企业不能充分发挥负债的财务杠杆效应。

3. 负债与有形净资产比率

负债与有形净资产比率是负债总额与有形净资产的比例关系,表示企业有形净资产对债权人权益的保障程度。

计算公式为:

负债与有形净资产比率=负债总额÷有形净资产×100%

有形净资产=所有者权益－无形资产－递延资产

企业的无形资产、递延资产等一般难以作为偿债的保证,从有形净资产中将其剔除,可以更合理地衡量企业清算时对债权人权益的保障程度。该比率越低,表明企业的长期偿债能力越强。

4. 利息保障倍数

利息保障倍数又称已获利息倍数,是企业息税前利润与利息费用的比率,是衡量企业偿付负债利息能力的指标。

计算公式为：

利息保障倍数 = 税息前利润 ÷ 利息费用

其中，利息费用是指本期发生的全部应付利息，包括流动负债的利息费用、长期负债中进入损益的利息费用以及进入固定资产原价中的资本化利息。

利息保障倍数越高，表明企业支付利息费用的能力越强；利息保障倍数越低，表明企业难以保证用经营所得来及时、足额地支付负债利息。因此，这一指标也就成了企业是否举债经营、衡量其偿债能力强弱的主要指标。

三、影响偿债能力的表外因素

1. 提高企业偿债能力的表外因素

（1）可动用的银行授信额度。企业的银行授信额度越高，给企业带来的资金越多，企业的偿债能力越强。

（2）可以快速变现的资产，但没在财务报表中反映。例如，企业资金周转困难，可以将对外出租的投资性房地产出售。

（3）偿债能力的信誉。诚信社会，企业的信誉度越高，越容易筹集到资金。

2. 降低企业偿债能力的表外因素

（1）企业或有负债中的担保事项。与担保有一定的关系的或有负债如果数额较大且可能发生，那么在评价偿债能力时应该给予关注。担保事项一旦发生，很容易降低企业的偿债能力。

（2）存在负债中的未决诉讼，一旦败诉，就会影响企业的偿债能力。

（3）承诺事项中的租赁承诺。经营租赁合同中承诺的付款，可能需要付出货币资金的义务。

通过营运能力分析企业的成长性与可持续性

所谓企业营运能力分析，是指通过对反映企业资产营运效率与效益的指标进行计算与分析，对企业的营运能力进行评价，为企业提高经济效益指明方向。

营运能力指的是公司的经营运行能力，即公司运用各项资产以赚取利润的能力。公司营运能力的财务分析比率有存货周转率、应收账款周转率、营业周期、流动资产周转率和总资产周转率等。这些比率揭示了公司资金运营周转的情况，反映了公司对经济资源管理、运用的效率高低。公司资金周转越快，流动性越高，公司的偿债能力越强，资产获取利润的速度越快。

一、流动资产周转分析

企业的流动资产周转分析主要包括流动资产周转率、应收账款周转率和存货周转率三个指标。

1.流动资产周转率

流动资产周转率是指企业在一定时期内营业收入与平均流动资产总额的比率，是反映企业流动资产周转速度的指标。

计算公式为：

流动资产周转率＝营业收入÷平均流动资产总额＝营业收入÷[（流动资产总额年初数＋流动资产总额年末数）÷2]

流动资产周转天数＝平均流动资产总额×360÷营业收入=[（流动资产总额年初数＋流动资产总额年末数）÷2]×360÷营业收入

在一定时期内，流动资产周转次数越多，以相同的流动资产完成的周转额越多，流动资产的利用效果越好。从流动资产周转天数来看，周转一次所需要的天数越少，表明流动资产在经历生产和销售各阶段时所用的时间越短。

2. 应收账款周转率

应收账款周转率是指企业在一定时期内营业收入与平均应收账款余额的比率，是反映应收账款周转速度的指标。

计算公式为：

应收账款周转率＝营业收入÷平均应收账款余额＝营业收入÷[（应收账款余额年初数＋应收账款余额年末数）÷2]

应收账款周转天数＝平均应收账款余额×360÷营业收入=[（应收账款余额年初数＋应收账款余额年末数）÷2]×360÷营业收入

通常，应收账款周转率越高越好。应收账款周转率高，表明收账速度快，资产流动性强，企业短期偿债能力强。在计算应收账款周转率或周转天数时，应收账款包括会计核算中的应收账款科目和应收票据科目。企业可以采取各项措施来提高应收账款周转率。

3.存货周转率

存货周转率是指企业在一定时期内营业成本与平均存货余额的比率，是衡量企业生产经营各环节中存货运营效率的综合性指标。

计算公式为：

存货周转率＝营业成本÷平均存货余额＝营业成本÷[（存货余额年初数＋存货余额年末数）÷2]

存货周转天数＝平均存货余额×360÷营业成本＝[（存货余额年初数＋存货余额年末数）÷2]×360÷营业成本

通常，存货周转率越高越好。存货周转率高，表明存货变现速度快，周转额较大，资金占用水平较低。

二、固定资产周转分析

企业的固定资产周转分析主要包括固定资产周转率指标，是指企业在一定时期内营业收入与平均固定资产净值的比率，是衡量固定资产利用效率的指标。

计算公式为：

固定资产周转率＝营业收入÷平均固定资产净值

固定资产周转天数＝平均固定资产净值×360÷营业收入

其中：

平均固定资产净值＝（固定资产净值年初数＋固定资产净值年末数）÷2

固定资产净值＝固定资产原价－累计折旧

通常，固定资产周转率越高，表明企业固定资产利用效率越高，也表明企业固定资产结构合理，企业的营运能力强。企业可以采取各项措施来提高固定资产周转率。

三、总资产周转分析

企业的总资产周转分析主要包括总资产周转率指标,是指企业在一定时期内营业收入与平均资产总额的比率,可以用来反映企业全部资产的利用效率。

计算公式为:

总资产周转率(周转次数)= 营业收入 ÷ 平均资产总额

总资产周转期(周转天数)= 平均资产总额 ×360÷ 营业收入

其中:

平均资产总额 =(资产总额年初数 + 资产总额年末数)÷2

总资产周转率越高,表明企业总资产的使用效率越高。企业可以采取各项措施来提高资产利用程度。

总之,在进行公司营运能力分析时不能盲目地套用公式,要结合公司的具体情况进行分析。例如,服务型公司基本没有存货,存货的周转率分析就没有意义,可能人效比分析更具有参考价值。

通过盈利能力分析利润的"含金量"

企业的盈利能力是企业资产或资本增值的能力。其中,利润量是影响盈利能力大小的重要因素。

利润量反映了企业当期或过去的盈利规模或水平,但也不能单凭利润量来判断企业的盈利能力,因为利润量仅能反映企业盈利的总水平或规模,不能从本质上反映盈利的形成过程。此时,就要引入企业的盈利能力分析。

盈利能力分析类似于绩效、薪酬诊断,基于资产负债表、利润表和现金流量表,通过表内各项目之间的逻辑关系构建一套指标体系,分析并及时发现问题,改善企业的财务结构,提高企业的偿债能力和经营能力,最终提高企业的盈利能力。

对企业盈利能力的分析,可以从以下几个方面入手。

一、关键指标

盈利能力分析侧重于"营业毛利率""营业净利率""总资产报酬率""净资产收益率"和"资本收益率"几项指标。

1. 营业毛利率

营业毛利率表示"销售收入"扣除"销售成本"之后，有多少钱可以用于各项期间费用的支出，以及形成利润。营业毛利率反映了企业的基本盈利能力，营业毛利率越高，企业的获利能力越强。

计算公式如下：

营业毛利率=（不含税售价–不含税进价）÷不含税售价×100%

营业毛利率=（1–不含税进价÷不含税售价）×100%

综合毛利率资产净利率，是净利润除以平均总资产的比率。

营业毛利率=营业毛利额÷主营业务收入×100%=（主营业务收入–主营业务成本）÷主营业务收入×100%

2. 营业净利率

营业净利率是企业业务的最终获利能力指标，反映企业营业收入创造净利润的能力。营业净利率越高，说明企业的获利能力越强。与营业毛利率比起来，营业净利率考虑了税收等因素的影响。

计算公式如下：

营业净利率=净利润÷营业收入×100%

从公式中可以看出，只有当净利润的增长速度快于营业收入的增长速度时，营业净利率才会上升。

3. 总资产报酬率

总资产报酬率是指总资产所取得的收益，也是反映企业盈利能力的有效指标。总资产报酬率越高，表明企业的资产利用效益越好，整个企业的盈利能力越强，经营管理水平越高。

计算公式如下：

总资产报酬率 =（利润总额 + 利息支出）÷ 平均总资产 × 100%

其中，利润总额 = 净利润 + 所得税

平均总资产 =（期初资产总额 + 期末资产总额）÷ 2

上述公式中，利润总额是指企业实现的所有利润，包括企业当年营业利润、投资收益、营业外支出净额、各种补贴收入等；利息支出是指企业在生产经营过程中实际支出的借款利息、债权利息等。其中，利润总额与利息支出的和为息税前利润，是企业当年实现的全部利润与利息支出的合计数；而平均总资产则是指企业期初资产总额与期末数的平均值。

4. 净资产收益率

净资产收益率，即权益净利率，反映了股东权益的净收益水平，该指标越高，说明投资的净利润越高。

在通常情况下，净资产收益率应高于同期银行存款利率。只有当净资产达到一定规模，且持续成长，保证较高的净资产收益率时，才能说明企业股东能有较好的回报。

计算公式如下：

权益净利率 =（净利润 ÷ 股东权益）× 100%

权益净利率的分母是股东的投入，分子是股东的所得。权益净利率具有很强的综合性，概括了公司的全部经营业绩和财务业绩。

权益净利率是杜邦分析体系的核心比率，具有很好的可比性，可用于不同公司之间的比较。

计算公式如下：

权益净利率 = 总资产净利率 × 权益乘数

其中，

总资产净利率 = 营业净利率 × 总资产周转次数

权益净利率 = 营业净利率 × 总资产周转次数 × 权益乘数

5. 资本收益率

资本收益率反映了企业投资者原始投资的收益率。资本收益率越高，说明企业自有投资的经济效益越好，投资者的风险越小。

计算公式如下：

资本收益率 = 净利润 ÷ 平均资本 × 100%

其中，对于单户企业，净利润就是企业的所得税后利润；而对于集团型企业，净利润是指归属母公司的税后净利润。

平均资本 =[（实收资本年初数 + 资本公积年初数）+（实收资本年末数 + 资本公积年末数）] ÷ 2

企业在执行会计准则后，可供出售金融资产公允价值变动收益形成的资本公积在计算资本收益率时应予剔除。

税后ROC（变动率指标）= 运营改收入 ×（1-税率）÷（债务账面价值 + 股权账面价值）

二、从不同维度进行财务分析

关于从不同维度来分析企业的盈利能力，可以从两个方面来理解。

1. 从经营业务和资产两个角度来分析

仅从盈利能力的常用分析指标就能看出，不同的指标反映的盈利能力的维度是不同的。如，销售净利率、毛利率、营业利润率等，这些指标反映的是在一定时期内（一个月、一年等）销售业务的盈利能力，是从经营业务的角度分析盈利能力的。但还有一些指标，如净资产收益率、总资产报酬率、资本收益率等，是从资产（资本）的角度反映盈利能力的，反映了投入产出的能力，跟经营业务角度的盈利能力指标有明显的不同。

2. 从产品、客户、项目等角度来分析

盈利能力分析的思路一般是先总后分。所谓总，就是从公司整体上分析盈利能力；所谓分，就是分析构成利润的子单元，如产品的盈利状况、客户给公司带来的盈利状况、公司业务项目的盈利状况等。其实，这就是一种化整为零的分析方法。

公司的总利润来自每一个产品利润、每一个客户利润、每一个项目利润。只要掌握了产品盈利能力、客户盈利能力、项目盈利能力，也就掌握了企业的盈利能力。

如果要对某类产品、某个客户、某个项目的盈利能力进行分析，就要做好基础数据的登记、统计和汇总工作，不仅要严格按照统一的会计准则准确确认收入和成本费用，还要计算对应的毛利率和营业利润。

老板财税思维——如何搞定老板的财税痛点

通过现金流分析企业的变现能力

现金流是企业的"血液",没有利润,企业不一定会立刻倒下;没有现金流,企业在一夜之间就可能倒塌。现金流的重要性毋庸置疑!企业老板不仅需要搞懂企业资金的来龙去脉,还要懂得预测资金需求,控制现金流风险。

一、现金流的来源

现金流量表中的现金是指现金或现金等价物,简单理解就是,随时可以使用的资金或比较容易变现的有价证券。

在财务会计的理论中,企业总现金流量被分为三部分:经营活动产生的现金流、投资活动产生的现金流和筹资活动产生的现金流。

1.经营活动产生的现金流是企业"造血"能力的体现

如果企业的主营业务做得好,市场销路畅通,市场需求旺盛,客户供不应求,那么企业的销售回款速度就会非常快,就代表企业的"造血"能力强。反之,如果企业经营活动产生的现金流较少,主营产品或服务没有适销对路,销售增长乏力,客户回款速度较慢,则说明企业自身的"造血"能力弱。

2.投资活动产生的现金流体现了企业外部"造血"的能力

对于具备一定规模、账面资金充裕的企业来说，为了丰富企业的收入来源，把闲置的资金用于投资短期债券、股权或长期的项目，或投入公司以外的其他领域，获取额外投资收益，也是企业财务管理的一项重要内容。

3.筹资活动产生的现金流体现的是"输血"能力

筹资活动一般是借助外部的融资机构或投资公司，通过股权融资或债务融资获取资金。如今，融资已经成为现代财务管理的一种常态，即使企业经营活动产生的现金流能够满足正常经营的需要，但企业只要有能力、有机会获取外部资金，也会积极融资，拓展资金途径，这也是企业快速成长、做大做强的必经之路。如果完全依靠自有资金，企业就会错过许多发展机会和战略机遇，损失巨大。

二、现金流分析的基本思路

现金流分析的基本思路就是搞明白企业资金的来龙去脉，即弄清楚企业的资金从哪里来、最终流向哪里、企业的收支结余是多少。但仅知道这些，现金流分析仍然流于表面，还需要做更深入的分析。

在实务中，现金流分析可以从以下三点出发。

1.从总体上分析

从总体上分析，要分析现金总收入是多少，现金总支出是多少，现金结余是多少，是正现金流还是负现金流。如果现金结余为正值，则表明企业资金有盈余；如果现金结余为负值，则表明企业"入不敷出"，企业创造的现金已经不能满足资金支出的需要。如果这种情况是暂时的，那么问题不严重；如果持续出现现金结余为负值的情况，就要引起警惕，很可能是企业的现金流出现了问题。

2.从具体各大类分析

从具体各大类分析，要看现金收入的大类主要来自哪里，尤其要分析销售回款是否良好。销售回款应该成为企业获取现金收入最重要的来源，分析销售回款也可以结合应收账款周转率指标进行。分析现金支出要先看大类，如人力费用、采购生产支出、房租与物业费、行政办公费等，再具体分析金额较大、增长较快的明细支出。

3. 进行占比指标的分析

通过分析现金收入占比指标，可以看出企业的现金收入主要来源于哪里；通过分析现金支出占比指标，可以看出企业资金支出的结构，也就是资金主要流向了哪里；通过分析占比指标今年与去年的变动，可以看出企业的经营策略变化所带来的结果。

三、现金流分析的基本方法

1. 企业在筹备资金时产生的现金流量

企业要想获得长远发展，首先就要进行筹资，企业做不起来，何谈发展？通常来说，企业发展的筹资方式是贷款，贷款的多少要根据企业本身的状况来决定。

2. 企业在投资时产生的现金流量

投资可以说是整个企业发展的命脉，决定着企业的上限和下限。所以，企业老板在投资时要认真分析，不能出现差错。

3. 企业在运行时产生的现金流量

这一类则需要根据企业的经营状况来反映整个企业的现金流。

[案例] 一家初创小企业的财务管理之道

某公司是一般纳税人，公司在设立时共有两个股东，内部管理简单，也无财务制度，账本都是兼职会计人员在做。后来，股东人数达到5人，股东之间出现不合，内部管理出现了很大的问题。这时大股东才开始重视公司内部财务制度的建立，找到某财务咨询有限公司咨询。

该财务公司在进入该公司后，先让会计人员移交公司成立至今的所有财务账本、税费申报表等资料，结果发现缺少2018年的资料，而且在记账凭证里只有回单和发票，没有对应的记账凭证，同时缺少每年度的总账和明细账。财务公司立刻向该公司老板反映了这个问题，老板非常重视，让会计人员想办法补账。

然后，该财务公司立即开展了相关会计工作：

（1）了解公司的组织架构，合理制定了报销审批制度和财务单据管理制度；

（2）以2018年的财务报表作为期初数据，补录2019—2020年的记账凭证（税控盘数据、申报表数据、银行流水一一核对清楚），核对后进行申报表更正；

（3）在找到2018年的账本后，及时调整了2019年的期初数据；

（4）在补账后，每月都按时提醒该公司开票缺进项问题，及时提出税筹意见，每月终了日后15日内做出财务报表，及时让该公司股东了解公司的经营情况。

第四章 企业财务管理实务,老板不可不知

老板财税思维——如何搞定老板的财税痛点

管理好财务人员

一、坚定会计基础工作，提高会计信息质量

"抓基础，练内功"是公司会计工作不断提高的保证。会计基础工作是会计工作的基本环节，也是企业管理的重要基础。企业要将会计基础工作作为会计工作的首要任务来抓，把会计基础工作与改善经营管理、建立现代企业制度结合起来，积极更新和完善措施，使会计基础工作逐步规范，逐步提高财务管理水平。

1. 完善内部财务管理制度

财务管理制度是企业从事财务活动、实施财务管理、进行会计核算和实施会计监督的基本准则和行为规范。按照国家的统一要求，结合企业实际，建立科学、合理、有序的企业财务管理制度，既是加强财务管理的重要内容，也是建立现代企业制度的有力保证。

为了规范公司的财务行为，使公司的会计基础工作做到有章可循，企业老板要从建立和规范财务制度入手，结合公司的生产经营特点和管理要求，相继出台资金管理、成本核算、预算管理、资产管理、会计报告考核、利润分配等财务管理制度，使财务管理工作逐步标准化、规范化、制度化。

同时，为了保证各项管理制度的严格实施，要定期抽调会计人员组成检查小组，对公司所属各单位的会计基础工作、内部控制制度、审计意见和审计决定等情况进行检查，发现问题及时整改，并将检查结果纳入年终考核，直接与年终财务工作的评比挂钩。

采取这样的措施，既能促进会计人员之间的广泛交流，又能有效降低违规违纪行为的发生概率，使整个公司的会计基础工作得到显著提高和协调发展。

2. 采取会计主管委派制，做好会计监督

要想提高财务管理水平，离不开真实、可靠的会计信息，而会计主管委派制的实施更能确保会计信息的真实、可靠。具体来说，就是让财务资产部将政策水平强、综合素质高、具有独立工作能力的会计人员委派到公司所属单位，从事财务资产管理和会计核算工作，对各单位的经济活动实施会计监督。

公司只要负责会计主管的任命和工资待遇即可。如此，就能减少公司所属单位对会计工作的行政干预，增强会计主管工作的独立性，有助于会计主管充分发挥"监督、规范、指导、桥梁"的作用，强化企业财务管理，提高会计信息质量，从源头上加强内部控制，有效防范风险，避免和杜绝生产经营活动中不规范行为的发生。

二、全面预算管理，控制生产经营活动

随着市场经济的发展，企业管理已经从传统的以生产计划为中心逐步转变为以财务管理和提高经济效益为中心。可是，在企业的生产经营活动中，财务管理依然处于非常被动的地位，很多生产经营活动都是在发生以后，才由财务部门进行账务处理或办理收付款业务的，根本无法控制应实现多数收入、发生多数支出、这些支出如何发生、应不应该发生……

这种局面出现的根源在于财务管理和计划管理相脱节，生产经营活动依然按照传统的计划管理模式运行。要想改变这种局面，更好地适应市场经济发展，就要实行全面的预算管理，将财务控制的重点逐步向全面预算转移，通过全面预算的编制、执行和考核，有效管控企业的生产经营活动过程。

（1）在预算编制环节，工程造价部门要依据"量入为出、统筹兼顾、先急后缓"和"由下而上、上下结合、综合平衡"的原则，将企业的生产经营活动全部纳入年度预算，经总经理办公会议审议批准后下达执行。

（2）在预算执行环节，公司所属各单位和各职能部门要严格执行预算计划，没有列入年度预算的事项不能列支有关费用，公司财务部门原则上不安排生产性和预算外资金支出。

（3）在预算考核环节，财务部门按季考核各单位、各职能部门的预算执行情况，编写预算执行分析报告。如果某些项目没有完成收入预算或超额了支出预算，则要查明原因，落实责任，并通过经济责任制奖惩兑现。

由此，公司就能建立起以全面预算为轴心的生产经营管理新秩序，有效地强化财务的预测、控制和监督职能，遏制出现计划、财务两张皮的现象；有利于财务部门对企业生产经营活动的参与、管理和控制，实现企业管理的战略转变。

三、强化资金管理，确保生产经营活动的正常进行

资金是企业的血液，是企业的生命线。科学、合理、有序地运筹资金，是企业财务工作的重中之重，也是保证企业生产经营活动正常进行的前提条件。

为了加强资金管理，公司要成立内部资金结算中心，由结算中心统一对公司的生产经营、基建技改资金进行筹措、运营和监控，进一步加强资金的统一集中管理和调度，发挥资金的最大效能，提高资金的使用效率，确保生产经营活动的正常进行。

四、加强财会队伍建设，提高财会人员素质

会计工作不仅有着极强的专业技术性，政策性也很强，还必须具备较高的职业道德水准。因此，造就一支政策理论水平高、思想作风优良、专业知识精、能打"硬仗"的财会队伍，是做好企业财会工作的前提和保证。

为了适应现代企业制度的要求，适应公司当前和今后发展的需要，财务部要通过订阅图书和杂志、举办财会人员继续教育培训班和电算化培训班、定期召开财务负责人座谈会等多种形式，向财会人员灌输新的财经政策法规、会计实务方法、财务管理理念和税收管理知识等，努力打造一支学习型的财会队伍。

通过持续的学习，财会人员就能充盈财务知识和理财思路，拓宽工作视野，提高业务素质和思想素质，从而保证会计服务质量的不断提高和财务管理工作的日趋完善。

老板财税思维——如何搞定老板的财税痛点

做好资金管理

资金是企业资产中流动性最强的资产。在现代财务管理中,资金管理是非常重要的组成部分,资金管理水平也反映了企业的财务管理水平。完善的资金管理制度不仅可以控制企业的财务风险,还能保障企业健康发展。

不合理地使用资金,即使是盈利企业,也会因资金链断裂而破产。合理、高效地使用资金,即使短期利润出现亏损,也不会伤了根本,聪明的投资者往往更看好这样的公司。

企业的资金管理主要包括企业资金配置管理、资金使用效率管理和企业资金安全管理三个方面。

一、企业资金配置管理

资源具有安全性、可用性和效率性,合理配置资源是发挥资源效率的关键,资金资源也不例外。

要做好企业资金配置管理,至少要回答三个问题:企业资金现在被哪些方面占用?企业现有的资金配置是否合理?如何进一步优化资金配置?

1. 企业合理管理资源

企业管理资源既不可能将钱存在银行里，也不可能让钱睡在企业的保险箱中，而应分散占用在企业房产、设备、原料、成品和应收账款等各个方面。因此，要管好企业资金，首先就要知道企业资金被哪些方面占用、各占用了多少。

说到资金被哪些方面占用，人们通常能立即回答流动资金和固定资金各占用多少，因为这在企业的会计报表中已分项列明。不过，过度信任会计报表，是无法管好企业资金的。

会计报表中的数据由于主管人员的风险偏好、经理人员的切身利益等原因，往往只是一个假象，可能含有不少水分，无法真实反映企业资金的实际占用情况，比如，固定资产占用可能存在闲置资产、低效资产和无效资产，应收账款可能存在坏账，仓库中可能存在没有处理的物品等。企业老板要透过现象看本质，了解真实情况，有效管理资金资源。

2. 企业合理配置资金

要想回答企业资金配置是否合理，难度很大，因为很多人都不知道资金占用的合理标准是什么。既然企业哪部分资产应占多少资金、各项资产间的比例应为多少都没有一定的标准，要想界定出它是否合理，就只能进行比较，比如，对效率进行比较，与企业历史数据、同类企业数据进行比较等。只要资金运用效率提高了，资金配置就趋于合理了。

3. 企业有效利用资金资源

企业资金资源有限，只有合理配置资金资源，才能有效利用资金资源。虽然企业资金配置的合理与否没有统一标准，但并不意味着企业不应或无法优化资金配置。企业资金配置是否合理、是否需要完善，需要进一步分析和评价。

企业进行资金配置,要抓住关键环节,解决资源不匹配问题;应与企业目标、企业增值链、企业薄弱环节等结合起来,以资金运用效益、效率为导向,发挥企业整体优势,将有限的资金用于提高企业经济效益上,加强预算管理、资金流动性管理和资金投资方向管理等。

二、资金使用效率管理

合理配置企业的资金资源并不是资金管理的目的,只是一个管理资金的手段。企业资金管理的最终目的是为企业创造更高的效益。当然,要想创造更高的效益,必须提高资金的使用效率。而要提高资金的使用效率,就应减少资金用量,加强资金流动性管理,提高单位资金的获利能力。

1.降低成本和费用支出

要想提高资金的使用效率,最好的办法就是降低成本和费用支出。在这里,不仅要减少资金用量,还要增加效益,一增一减,让企业资金使用倍增。可以通过改进产品设计、改善采购链管理、加强生产管理、压缩三项费用支出等手段来降低成本和费用支出,提高资金的使用效率。

2.压缩库存,加快资金周转速度

资金的使用效率与资金周转量和创利能力指标有着密切联系,而在企业流动资金中,存货资金占用量比较大,不仅不会给企业带来效益,还必须承担必要的储存费用和可能的降价风险。因此,压缩这部分资金占用,有利于提高企业资金使用效率。虽然零库存是企业存货管理的一种理想效果,很难实现,但是企业依然要以此为最高目标,不断完善存货管理,力争实现零库存。

3. 压缩应收账款，减少坏账的出现

利润的高低直接影响企业资金使用效率的高低，过剩经济时代企业间赊账欠款的情况不可避免，应收账款越多，占用资金也就越多，在目前社会信用体系还不太完善的情况下，坏账发生概率较高。因此企业要尽量压缩应收账款，并努力提高产品质量，建立健全企业信用管理体系，加强应收账款管理，减少坏账的发生率。

4. 加速结算，减少结算占用现象

企业在实现各种销售和劳务的过程中，不可能都是一手交钱一手交货的，需要通过银行等渠道进行结算。结算会占用部分资金，加速资金结算，就能直接减少结算资金占用额，提高资金使用效率。

5. 压缩生产资金占用

现代企业普遍采用流水生产模式，企业生产会占用一部分流动资金，虽然这部分资金占用相对固定，但由于生产计划不周、工艺安排欠妥，也可能使资金停滞于生产过程中。为了压缩生产资金占用，企业应周密编制生产计划，合理安排生产工艺。

6. 提高固定资产利用率

在企业资金占用中，固定资产占据了较大比例，而且这部分资金占用容易形成闲置。因此，要结合企业产业特点、关键资产特性进行固定资产的配置。

对企业发展作用最大的往往是少量的关键固定资产，而不是全部固定资产，对于不必要的固定资产，在配置时就要提高固定资产利用率。在进行新的固定资产投资时，应加强投资方向管理，进行投资前期市场调查与

分析，因为一旦形成投资，错误就很难改了，有时甚至是致命的。

三、企业资金安全管理

在企业资金管理过程中，安全性是不容忽视的，资金配置和资金使用效率都要建立在安全运行的基础之上。企业资金安全管理的关键是建立安全保障机制，并保证这一机制的有效运行。

1. 建立企业资金安全保障机制

在企业资金使用管理过程中，要建立安全防范意识，严格管控企业资金的进出、调动、内部周转等，建立合理的审批授权制度、复核制度、授信制度、结算制度、盘点制度等，保证资金的安全使用。

2. 实时监测保障机制有效运行

安全保障机制是保障资金安全的基础，企业应运用各种手段来保证这一机制的有效运行，比如，定期或不定期地抽查安全保障机制的实施情况，运用网络技术实时监督每笔资金的流向，对企业价格成本资料进行分析等。

应收账款管理

应收账款是指企业在正常的经营过程中因销售产品或提供劳务等，应向购买单位收取的款项，主要包括应由购买单位或接受劳务单位负担的税费、代购买方垫付的包装费及各种运杂费等。

此外，遇到销售折扣的情况，还要考虑商业折扣和现金折扣等因素。通俗来说，就是乙方企业没能收回甲方企业的应付款项。从某种意义上讲，应收账款也是流动资产中的一种类型。

应收账款是企业的一种信用和促销手段，在一定程度上提高了企业竞争力、增加了销售量、促进了企业利润增长。但是，如果不及时回收而形成坏账，则不仅无法增加收入，还会给企业带来经济损失。只有加强应收账款的管理，才能加快资金的回收，提高资金利用率，增加企业的效益，实现企业的财富最大化。

一、应收账款管理对企业的影响

1. 积极影响

在激烈的商业竞争中，为了获得利润，企业就要销售产品，取得销售收入。收入的多少是检验经营成果的依据，特别是在市场经济条件下，没有经营成果，企业必然会走向没落。所以，企业有了收入，才能有利润。

为了取得销售收入，企业就要采取多种方式促进销售，赊销就是其中之一。赊销会产生应收账款，吸引了大量客户，扩大了销售额，为企业带来了效益，所以说，应收账款对企业的经营有着重大的影响。

2. 负面影响

应收账款的增加不仅为企业带来收入，也为企业带来了风险。不及时回收应收账款，发生坏账损失，就会直接造成企业利润的减少，影响企业的生产经营。

应收账款是企业的一项资金投放，长期占用企业资金，企业资金周转速度就会减慢，不仅会增加企业的经营成本，还会严重影响其再生产能力。

二、应收账款管理中的主要问题

1. 重视销售，轻视回款

这是很多企业普遍存在的一种现象。许多企业老板认为，在激烈的市场竞争中，把产品卖出去是所有工作的龙头，销售才是硬道理，而回款则是以后的事情，是财务部门的事情。

受到这种"销售至上"错误观念的影响，企业的应收账款居高不下，问题越积越重。

2. 缺少风险意识

很多企业对市场缺少应有的风险意识，对客户的经营状况、客户管理层的品格缺少基本的调查了解，盲目赊销放账，最终形成逾期应收账款，甚至产生坏账。

有些企业对交易过程中形成的书面凭据缺少法律层面的考虑和设计，导致应收账款不能收回，当诉诸法律时，因证据不足而无法得到法律的保护。

3. 责任不明确，互相推卸责任

在应收账款管理上，一些企业内部责任划分不清，销售部门推给财务部门，财务部门又推给销售部门，相互扯皮，推卸责任，没有对应收账款进行及时、有效的跟进管理。

4. 应收账款的日常管理工作落实不到位

有些企业虽然制定了比较完善的应收账款制度，但没有真正落实，制度要求和实际完成之间存在很大的差距，主要表现为没有对客户进行认真考察、放账控制不严格、对账不及时、对账手续不完善、考核措施执行不到位等。

5. 跟进手段存在弊端

许多应收账款在进入呆滞阶段后，债权人如果缺少一套迅速、果断、力度递进的催收措施，呆滞账款就会长期得不到收回。

三、企业应收账款管理的影响因素

1. 信用标准

信用标准是企业决定授予客户信用要求的最低标准，也是企业对于可接受风险提供的一个基本判别标准。信用标准较严，虽然能使企业少遭受坏账损失，但不利于扩大销售；反之，信用标准较宽，虽然可以刺激销售增长，但可能会增加坏账损失，得不偿失。

可见，信用标准合理与否会严重影响到企业的收益与风险。只有制定明确的尺度，企业才能知道应如何运用商业信用、如何拒绝客户赊账的要求。

企业在确定信用标准时，可以采用两种方法：一是传统信用分析法；二是评分法，依据企业具体的情况和市场环境等因素综合进行，分别计算出不同信用标准下的销售利润、机会成本、管理成本、坏账成本，以及客户的违约率、信用等级等。

2. 信用条件

信用条件是企业在赊销产品时，给客户规定的延期付款的若干条件，主要包括信用期限和现金折扣等。

信用期限是企业为客户规定的最长付款期限，适当地延长信用期限，有利于扩大销售。但是，信用期限太长，也会造成应收账款占用的机会成本增加，同时加大坏账损失的风险。

为了促使客户早日付款，加速资金周转，企业在规定信用期限的同时，需要附有现金折扣条件，即客户如能在规定的折扣期限内付款，就能享受相应的折扣优惠。折扣率越小，折扣期限就越长；折扣率越大，折扣期限就越短。

在实务中，客户也会尽可能地争取现金折扣。是否向客户提供现金折扣，关键在于对成本效益的分析，即提供折扣应以取得的收益大于现金折扣的成本为标准。

3. 收款政策

客户拖延付款是有很多原因的，一般可以分为无力付款和故意拖延两种情况。

（1）无力付款是指客户因经营管理不善，引发财务问题，没能按时付款。遇到这种情况，企业要先对客户拖延付款的原因进行详细分析，再决定能否予以延期。

（2）故意拖延是指客户有付款的能力，但为了本身利益，想尽办法故意不付款。遇到这种情况，企业要采取适当的讨债行动，以达到收回账款的目的。

收账必须有一定的程序，但针对不同的客户，要采用不同的方法。

针对短期欠款的客户，可以采用出具书信等方法催收账款。

针对长期欠款的客户，可以采用致电、上门催缴等方法催收账款，严重的还要通过法律途径来解决。

当然，不论采用哪种方法，都会造成一种成本费用。一方面，如果追讨不力，则会增加成本费用和坏账风险；另一方面，催收手段过于强硬，或采用法律方式，更会造成客户反叛。

因此，如果不想增加成本费用，就要减少坏账损失和应收账款额。

四、企业应收账款的管理措施

要想对企业的应收账款进行管理，可以采取以下几种措施。

1. 调查客户背景，评估资信

及时、准确地了解客户的背景资料，是应收账款管理众多环节中不可缺少的首要前提。因为只有掌握了客户的这些基本信息，才可能对客户做出客观而准确的判断，并按照统一的衡量标准进行评判，决定是否将该客户作为信用客户。

2. 对客户信用标准进行评估

信用标准指给予客户最低的信用条件，包括对客户的最高赊销额度、最长赊销期限、赊欠手续等方面的规定。

3. 完善合同和其他书面约定

为了明确双方的权利和义务，规范双方的行为，赊销企业和客户之间应该订立相关的书面条约，对诸如接收订货、交货签收、款项结算、财务对账等环节做出规定。对于赊销方来说，这项工作不仅可以提高工作效率，还能保证应收账款在安全状态下运行。

4. 做好应收账款的日常管理

一旦形成应收账款，企业就要围绕"保证按期足额回款"这一宗旨展开工作。工作能否真正落实到位，直接影响着应收账款的管理成果。这一时期的工作重点主要有对客户经营情况的跟进了解、对账手续的履行、应收账款信息的内部通报、应收账款的考核。

5. 建立健全法律保护体系

建立健全法律保护体系，尽可能地在寻求法律保护之前弥补法律漏洞。

完整的法律保护体系主要体现在以下几个方面。

（1）设定内容完整、逻辑严谨的购销合同。首先，不要轻信口头承诺，要将相关约定写进合同，合同条款需对交易中涉及的各个方面做出具体明确的规定；其次，应从法律角度审视合同的每项条款，最好在双方签字生效前由专职律师或机构对合同条款进行审查。

（2）拟订符合合同约定、具有法律效力的交易手续。只有严密的合同是不够的，双方交易的最直接证据还包括订单、货物交付手续、货款结算手续等原始单据。赊销方在取得这些单据时要特别注意：体现交易数量、交易价格的单据是否已由对方签收，签收方式是否与合同相吻合。

（3）对账手续和催款凭据及时且准确。对账手续和催款凭据是货物签收手续的补充形式，货物签收手续不完备，就要保证对账手续和催款凭据的及时和完善。

（4）完善的档案保管制度。各种法律保护措施都需要完整的交易档案作为支撑，因此，完善的档案管理制度也是应收账款安全的重要保证。

6. 追款措施

如果客户违反信用约定，拖欠甚至拒付账款，那么企业应该如何应对呢？

首先，要分析客户拖欠和拒付账款的原因，检查现行信用标准及信用审批制度是否存在纰漏，并对违约客户的资信等级重新进行调查、摸底和调整。

然后，想办法找到双方都能接受的折中方案，通过实施债务重组等方式使问题得到解决。

当企业的应收账款遭到客户无故拖欠或恶意拒付时，企业应当先将其从信用名单中除名，停止对该客户的一切业务。然后，视客户的具体财务状况，通过发送律师函、法院调解、诉讼等方式，加大催款力度，争取尽早收回账款。

控制库存

仓库库存就是企业的资产，如果可以在短时间内销售完或制成成品，就能形成流动的资金。无论是创业初期的企业，还是年代久远的企业，仓库内的物资必须得到有效控制。尤其是在产品更新换代比较快的今天，稍不留神，就会把库存产品变成滞留产品，最终导致资金流失。

对存货进行合理的管理就是把存货的库存数量控制在一定的范围内，使存货既不造成积压，又能满足人们的要求，实现双赢的效果。

企业存货处理不当，可能会造成企业亏损，严重的还会造成破产。随着经济的不断发展，科学的库存管理对企业的发展和经营尤为重要。企业应该努力提高存货管理能力，积极思考和持续改进，尽可能地把存货的储存成本降到最低，保证企业的正常运营，实现企业价值最大化、利润最大化。

一、企业存货管理中存在的问题

企业存货管理中存在的问题主要有以下几个。

1. 管理模式陈旧

在日常的存货管理中，使用不科学的存货管理模式，会导致存货管理效率低、管理差，不能达到企业理想的管理效果。

企业存货管理模式不科学，各部门就不能紧密地联系在一起；存货管理者配备不合理，就不能发挥最大作用，不能及时发现存货管理中的漏洞并持续改进，从而严重影响企业对存货的管理。

不科学的存货管理模式，管理流程纷繁复杂，相关控制薄弱，无法将相关管理规定执行到位，不能满足企业与存货相关的管理要求和日常运行的要求，企业存货管理就容易出现问题。

2.信息化建设不完善

目前，社会开始呈现出信息化、数据化的状态，企业同样如此。如今，从办公软件到财务核算，都已经开始使用现代化的核算软件，所有数据都可以在系统里流转使用，从而方便了企业管理。但是，我国信息化应用起步相对较晚，许多企业的信息化应用只停留在表面，存货信息化建设并不完善。

原因在于，这些企业进行会计处理，偏向于通过代理记账公司进行日常核算，或只通过软件进行日常的简单建账等基础操作，需要进一步完善存货的信息化建设，才能满足企业存货信息化管理的要求。

不过，虽然目前市面上存货核算软件众多，但许多企业依然没有依据自身的存货性质选择合适的软件，甚至有些企业选用了盗版软件，导致企业存货数据信息与财务、办公等软件无法进行数据对接。虽然有些企业采用了正版的电算化软件，但多数企业并没有对员工进行软件信息化的再教育，很多员工依然不能熟练地掌握信息化的操作流程，增加了企业数据的风险性。

3.存货盘点账实不符，流程复杂

企业存货盘点是企业对存货日常管理中的一个重要程序，盘点不仅能核对账实是否相符，还能对存货相关损耗、丢失进行核算。但是，在存货盘点中，总会出现账实不符的问题。

例如，某企业虽然严格按照存货盘点的相关流程进行盘点，似乎非常顺利，但最后账面与盘点的差别很大，查不出根本原因，导致盘点流程失败，企业无法获取准确的数据。

有些企业的存货盘点流程非常复杂，存货盘点效率非常低。本来存货占比可能不是很大，但出现了耗费时间和流程复杂等相关问题，导致企业的存货管理效率低下，企业无法及时获取相关的准确数据。

4.管理者没有风险意识

存货积压损耗是企业十分担心的问题，以主要为各大商城供应零食品类货物的某供应商为例。随着生活水平的不断提高，人们对包装、规格、档次等也有了进一步的要求，而供应商却没有抓住这个市场变化规律，没能及时对此类食品做出相应的调整，没能及时更改供货产品，也没有调整存货品类，导致商城企业退货率高、需求率低，等到发现问题时，企业库存积压已经非常严重。

二、提高仓库管理水平的对策

要想提高仓库管理水平，可以采取以下对策。

1.提高计划的准确性

要想提高仓库管理水平，就要加强物资需求计划管理工作，提高采购效率；要从物资供应部门的内外两方面着手，提高计划的准确性、及时性和规范性。

（1）建立物资计划例会制，督促各环节及时处理计划，接收反馈的信息，协调解决出现的问题。

（2）让业务人员加强物资计划工作，明确职责，确定程序。在接到物资需求计划后，物资供应部门在了解需求特点的基础上，保证确定性需求的及时供货；同时，要结合库存情况设定安全库存来应对储备需求，主动对接，及时落实货源，确保物资供应。

2. 合理储备物资，调整库存结构

对于任何企业来说，保持一定的库存非常必要。合理的库存可以让企业整体运作变得更加高效、顺畅。库存控制管理不当，会给企业带来缺货率高、补货不及时、库存周转不灵等问题；无效库存多，资金积压，也会增加企业的生产经营成本，影响到企业的生存与发展。

3. 建立对多方都有效的约束管理机制

为了应对多报不领或以领代耗的情况，应由用料单位和物资供应部门的相关人员进行沟通，建立一个对多方都有效的约束管理机制。

为了应对缺货、库存物资过多等问题，不仅要追究某个部门的责任，其他部门的相关人员也应承担责任。用料部门多报计划，物资供应部门全部采购，就无法彻底解决库存居高不下、物资供应部门的仓库与用料单位的小库并存的问题。

4. 将供应与需求紧密地联系起来

企业要跟物资供应单位更紧密地联系起来，要了解自己企业是急用还是备用、具体什么地方用、库存有多少、有没有代用物资、有保障的供应时间长短等，减少供需过程中的脱节和超额采购问题。充分利库，发挥库存物资的作用，尽可能地提高库存周转率，减少报废。

5. 处理库房里的废料，减少资金占用

物资供应部门应经常对库存需要进行调整，对于多年不动的物资、超过使用年限的物资进行处理报废。积压物资的处理应形成制度化和常态化，及时消化企业的不良资产，为企业减负。

6. 发挥仓库在库存控制中的作用

对物资收发料进行动态管理，对仓储物资动态、周转天数等进行统计，及时反馈物资收发存动态、超储、积压和不合理库存物资信息，有利于库存资金分析，优化库存结构，加速资金周转，为决策提供依据。

7. 认真做好估价工作

估价入账给仓库和财务部门都会带来不必要的存放劳动，还会造成企业提供的会计和财务数据失真，因此一定要引起足够的重视。

供应部门在接到物资申请计划后，要组织货源签订合同，审计科和分管领导及时审批，保证合同及时生效；对于没有物资编号的新型物资或土产杂品等，要及时申报，及时编号。

8. 提高人员素质和业务水平

随着库房步入电子化、专业化管理，对库房管理者也提出了更高的要求。保管员不仅要具备必需的业务知识，还要拥有现代管理知识，按照生产与运作的管理知识，通晓现代仓储物流理论并不断应用到工作实践中，熟悉库存物资的属性，充分发掘库管物资的经济潜力，实现仓库管理新的飞跃。

成本控制

成本控制是企业根据一定时期预先建立的成本管理目标。

成本控制的过程是运用系统工程的原理对企业在生产经营过程中发生的各种耗费进行计算、调节和监督的过程，也是一个发现薄弱环节、挖掘内部潜力、寻找可能降低成本途径的过程。

要想降低产品成本，企业应从以下几个方面着手。

一、财务领域控制

首先，财务人员要采取一定的措施，减少资金占用，优化资金结构，合理分配资金，加速资金周转，降低筹资成本。主要有如下几种方法：

（1）开源节流，增收节支；

（2）跟踪资金流向，加强资金调度与使用；

（3）降低存货比例，加强存货管理。

其次，财务人员要抓好成本事前、事中、事后的工作。事前，要抓好成本预测、决策和成本计划工作；事中，要抓好成本控制和核算工作；事后，要抓好成本考核和分析工作。

再次，财务人员要严格控制、节约费用开支，如材料费、差旅费等要减少。

最后，企业应遵守财务管理制度，勤俭办厂，反对铺张，降低制造费用，节约生产费用，严格控制期间费用，压缩非生产费用。

二、管理领域控制

当成本降低到一定阶段后，企业要从创新着手，通过技术创新，降低原料用量，也可以用新的、价格便宜的材料替代原有老的、价格较高的材料。

创新工艺，提高材料利用率，降低材料损耗量，提高成品率或一级品率。

创新工作流程和管理方式，提高劳动生产率、设备利用率，降低单位产品的人工成本与固定成本含量。

创新营销方式，增加销售量，降低单位产品营销成本。

只有通过不断创新，用有效的激励方式来激励创新，企业才能不断降低产品成本。

此外，企业老板还要进行比较准确的销售预测，确定产品究竟有多少在近期内能销售出去。错误的销售预测是代价很高的浪费。

三、采购领域控制

通常，采购部门要根据企业生产计划来编制采购计划，而企业生产计划是根据销售计划来制订的，环环相扣，只要销售计划不出大的偏差，采购计划基本上就是合理的。

要想实现采购管理，就要做到以下几点：

（1）利用科学的决策分析方法，设定经济订货量或经济批量，决定采购项目，选择供应单位，决定采购时间。

（2）推进集中采购制，搭建原材料等对外服务的统一采购平台，实现价格、供应商等资源共享。

（3）推进直供制，逐步取消中间供应商。

（4）确立采购责任制，提高采购人员、审价人员的责任意识。

（5）整顿辅料、零星物资等的采购价格，逐步降低采购价格。

（6）探索建立采购奖罚制度，将奖罚与领导和个人联系起来。

（7）增强技术攻关力量，降低采购成本。

四、生产领域控制

生产领域控制的主要策略如下：

（1）减少单位产品的固定资产折旧费用。具体方法有：提高设备的利用程度，合理组织安排生产，避免设备忙闲不均；加强设备的维修保养，提高设备的完好率；合理安排班次，增加设备实际工作时间，实行专业化协作等。

（2）优化工作流程。从原材料采购开始，到最终产品或服务为止，合理制定原材料、燃料、辅助材料等物资费用的定额；严格健全计量、检验和物资收发领退制度；健全产品、产量、品种、质量、原材料消耗、工时考勤等信息。

（3）减少库存。库存不会产生任何附加价值，不仅占用空间和资金，还会产生搬运和储存需求，吞食财务资产。而且随着时间的推移，一方面，库存会腐蚀、变质，产生浪费；另一方面，竞争对手产品的改进会让你的产品在一夜之间变成废品。

要想降低库存，方法如下：

（1）从降低库存数量和库存单位价格着手，正确计算取得成本、储存成本和缺货成本，把存货量和库存金额控制在最佳范围内。

（2）精简人员，合理定岗定编，加强用人管理，降低人力成本。

（3）全面提高企业素质，将责任落实到部门或个人，完善收入分配制度，加强组织激励，加强个人激励，实行奖惩兑现，调动全体员工的积极性。

（4）改进质量，减少废品损失，减少返工时间，减少资源耗用，降低质量成本。

五、销售领域控制

为了控制销售领域，可以从以下几个方面做起：

（1）为了控制销售成本，销售部门不仅要扩大销售成果，提高市场占有率，还要强化销售费用的使用效率，相对降低成本。方法如下：研究和推进销售、服务的营销体系，用规模经营降低成本；认真研究国家、各地方的税收政策，合理进行分公司的税收筹划；利用经济决策方法，降低运输成本；利用成本最优决策，提高广告费的使用效率。

（2）降低物流成本。实现效率化的配送，减少运输次数，提高装载率，合理安排配车计划，选择最佳的运送手段，降低配送成本。

（3）要将成本控制落到实处。成本控制与企业的基础管理工作紧紧相连，企业只有提高管理水平，开源节流，降低成本，才有可能提高市场占有率。

融资管理

融资是企业资金运作的起点,是企业进一步投资和下一步战略规划的基础。公司的资金筹措能力决定于企业内部的财务经营管理,即公司本身的素质。如果公司素质好,经营稳定,就会得到良好的盈利情况。

一、融资风险的分析

企业对外提供产品和服务,当有一定的资产销售增加时,就要相应增加流动资产。如果销售增加很多,则还要增加固定资产。为了取得扩大销售所需的资产,企业就要筹集足够的资金。这些资金一部分来自保留盈余,另一部分通过外部融资取得,即自有资金和借入资金。

前者包括资本金、公积金和未分配利润,属于所有者权益;后者包括向银行贷款、发行债券和向社会融资集资等由债权人提供的资金,是一种负债。在生产经营过程中,企业在确定了某投资项目的投资总额时,就要立刻做出筹资决策,以保证预期投资利润目标的实现。

企业筹资决策的内容包括自有资金和借入资金比例的确定、借入资金渠道和方式的选择、方案的择优及筹资时间的安排等。其中,自有资金和借入资金比例的确定是筹资决策的核心内容。

一般来说,完全通过自有资金并不能得到负债经营的好处;但负债的比例太大,风险也大,企业随时都可能陷入财务危机。当企业投资利润率低于借入资金利息率时,使用借入资金,会使自有资金利润率降低,甚至产生亏损,严重的还会因资不抵债而破产。

二、融资成本

融资成本是指企业为筹集和使用资金而付出的代价,主要包括资金筹集费和资金占用费两部分。前者是指在资金筹集过程中支付的各项费用,比如,发行股票、债券支付的印刷费、手续费、资信评估费、担保费、公证费、律师费等。后者是指占用资金支付的费用,比如,股票的股息、银行借款和债券的利息等。

融资成本是融资决策中的重要概念,是投资者对投入企业的资本所要求的收益率,也是投资项目的机会成本。对于企业筹集资金来讲,融资成本是选择资金来源、确定融资方案的重要依据。

企业要想从外部筹集资金,就要在数量上有一个合理界限,融资太多,会增加融资成本;利用得不充分,会造成资金闲置,影响资金的利用效果;融资不足,又会影响资金供应,不能保证生产经营和发展对资金的合理需要。因此,在融资前,企业必须根据生产经营和发展的需要及自有资金的利用情况确定筹集资金的数额。

随着经济体制改革的深入和对外开放的深化,融资渠道越来越多,筹集资金的方式也日益多样化。不同的渠道和方式往往要求企业付出不同的代价,即具有不同的融资成本。因此,企业在筹集资金时,一方面要遵守国家的有关方针政策和财政、财务制度,另一方面要注意融资成本,通过可行性分析,选择最优方案。

三、融资方式

随着社会主义市场经济的进一步发展，企业的资金来源发生了明显变化，尤其是横向经济联合的发展和资本市场的开放，企业的融资渠道也更加多样化。

企业融资的主要方式有财政拨款、金融机构贷款、内部积累、发行股票、发行债券、融资租赁等。企业从所得税后利润中提取盈余公积金，将其转增资本的方式，既有利于扩大企业规模，又能减少财务风险，是各类企业长期采用的一种筹资方式。

（1）金融机构贷款是指企业向商业银行和非银行金融机构借入的资金。其中，商业银行是国家金融市场的主体，资金雄厚，可以向企业提供长、短期贷款，因此，商业银行贷款是企业负债经营时采用的主要融资方式。

（2）发行股票是指经营业绩一贯良好、信誉卓著、产品或业务在内外有发展前途的企业为了扩大经营规模，可以通过一定程序和批准，采用股票上市的途径筹集资金。已上市的公司配股融资也是一种不错的方式。

（3）融资租赁是国外使用比较普遍的一种融资方式，由金融机构提供信贷，出租方提供某种专用设备，承租方按期支付租赁费，以达到扩大生产能力的筹资目的。

老板财税思维——如何搞定老板的财税痛点

做好投资管理

投资活动是企业的重要财务活动之一,很多企业筹集资金的目的就是要把资金投入能为企业带来利润的经济活动中,通过资金的运转实现价值增值。盲目追求结果,不进行系统分析,忽略科学的决策方法,完全凭自己的主观感觉,资金的投入就无法达到预期效果,造成投资的失败。

企业老板进行投资就要有一个清晰明了的规划,权衡收益与风险,力争在可规避的风险范围内获得最大的利润,实现企业价值最大化。如果老板素质不高,缺少必要的财务管理知识,在做投资决策时具有一定的盲目性,没有运用科学合理的分析方法进行论证,那么多半会导致投资决策的失败。

一、投资管理的原则

1. 可行性分析

所谓可行性分析,就是通过对项目的主要内容和配套条件,如市场需求、资源供应、建设规模、设备选型、环境影响、资金筹措、盈利能力等,从技术、经济、工程等角度进行调查和比较,对项目实施后可能取得的经济效益进行预测,提出该项目是否值得投资的意见,为项目决策提供依据。

例如,盈利能力的可行性分析主要包括:对收入、费用和利润等经营成果指标进行分析;对资产、负债和所有者权益等财务状况指标进行分析;

对资金的筹集和配置进行分析；对资金流转和回收等资金运行过程进行分析；对项目现金流量、净现值和内含报酬率等指标进行分析；对项目收益与风险的关系进行分析等。

2. 结构平衡

投资资金应遵循结构平衡原则，合理布局资金，包括固定资金与流动资金的匹配关系、产能与运营规模的平衡关系、资金源与资金应用的匹配关系、投资进度与资金供给的协调关系、流动资产内部的资产结构关系、开发投资与维护投资的协调关系、对内投资与对外投资的顺序关系、直接投资与间接投资的分配关系等。

3. 动态监控

投资动态监控是指投资项目实施过程中的过程控制。尤其是工程量大、建设周期长的建设项目，通常都要经历一个具体的投资过程，需要根据项目预算对投资动态进行有效控制。

二、现实中现金流量的计算

现金流量特指在投资项目评价中，一个投资项目引起的企业现金流入量和现金流出量的统称。

在投资决策中，企业运用现金流量的理由有：

（1）有利于在投资决策中考虑资金时间价值；

（2）能客观地反映投资项目的经济效益；

（3）现金流动状况比盈亏状况更重要。

现金流量的构成如下：

（1）按现金流向不同进行划分，现金流量可以分为现金流入量、现金流出量和现金净流量；

（2）按现金流量发生的时期不同进行划分，现金流量可以分为初始现金流量、经营现金流量和终结现金流量。

三、非贴现现金流量指标

非贴现现金流量指标是指在指标计算中不考虑资金时间价值的决策指标，主要包括投资回收期和平均报酬率指标。

（1）投资回收期是指自投资方案实施起至收回初始投入资本所需的时间，一般以年为单位，是用来评价投资项目的一种常用标准。投资回收期越短，方案越有利。

（2）平均报酬率，也称平均投资报酬率，是投资项目寿命周期内平均的年投资报酬率，表示年平均利润占总投资的百分比。

四、贴现现金流量指标

贴现现金流量指标主要有三个，如表4-1所示。

表4-1　贴现现金流量指标

指标	说明
净现值	净现值（NPV）指的是投资项目投入使用后的净现金流量，按资本成本或企业要求达到的报酬率折算为现值，与原始投资之间的差额，即如果项目的净现值大于或等于零，则表明该项目投资获得的收益大于或等于资本成本，或获得了与投资风险相适应的收益（而非零收益），项目就是可行的
内部报酬率	内部收益率（IRR）反映的是方案本身实际达到的收益率，是在整个方案的实施运行过程中，当所有现金净流入年份的现值之和与所有现金净流出年份的现值之和相等时的方案的收益率，即能够使得项目的净现值为零时的收益率 用公式表示为：IRR=a+[NPVa/（NPVa–NPVb）×（b–a）] 对于独立项目来说，只有项目的内部报酬率超过公司的资本成本，才接受该投资项目
获利指数	获利指数（PI）也叫现值指数，指的是在方案的整个实施运行过程中，未来现金净流入量的现值之和与原始投资之间的比值，即在采纳与否的决策中，如果获利指数大于或等于1，该项目的报酬率就大于或等于预定的投资报酬率，方案可取；反之，方案不可取

固定资产管理

固定资产是企业开展日常业务和持续发展的物质基础，能够提高企业的市场竞争力和经济效益，但如何做好固定资产的管理工作一直是让很多企业老板头疼的问题。

固定资产的整体管理流程其实就是固定资产的"全生命周期管理"，主要包括采购、验收、登记入库、领用、调拨、维护和维修、报废和赔偿、计划和预算等多个模块，相对复杂。

一、采购

采购是固定资产管理的开端，是第一个环节。采购的过程共涉及三个部门。

（1）行政部门或资产管理部门：主要负责供应商的管理、招标、比选和部门之间的协调。

（2）财务部门：主要关注购买的物品是否符合预算要求。

（3）业务部门（使用部门）：主要对买什么东西负责，比如，选什么型号的设备。

二、验收

老板财税思维——如何搞定老板的财税痛点

固定资产采购回来的第一件事就是验收。

验收工作通常由使用部门和资产管理部门共同完成。如果是仪器、仪表类设备，则还应该由质量部门确认，进行检验检测等操作。但是，在实际的固定资产管理中，总会忽视验收环节，尤其是互联网企业，设备买回来就直接拆了、用了、拿走了，等到使用中发现问题时，再联系行政部门更换，其实很麻烦。不如在源头做好验收，问题前置解决。

三、登记入库

物品签收之后需要登记，进行分类和编号。如何分类？每个企业都有自己的分类方式，有些企业会有K3之类的财务软件，可以使用固定资产模块里的序列号和流水号。在编号以后，要给设备建立实物账，再投入使用。

四、领用

等到物品入库之后，使用部门就能领用了，这时需要做好登记。即使公司已经有了信息化系统，也要做一些纸面上的领用登记，写清领用人、领用部门、设备基本信息和型号、有没有附件、附件是几个、领用时间等，方便发生问题时责任到人，及时解决。

在定期更新固定资产台账时，要让资产管理部门把这类信息更新到领用人或领用部门中。因为物品买回来时全部属于资产管理部门，一旦出库，只有更新实物账，才能把信息同步到账面中。

五、调拨

设备已经领用到使用部门，再有人提出领用，或再提出采购时，用不用立刻去买？不用！调拨就是调配，其他部门有空闲了，可以直接调配过来，从 A 部门调到 B 部门使用，就不需要再去采购了。那么，老板怎么知道设备有空闲呢？做好台账维护，及时掌握固定资产的使用情况。

六、维护和维修

为什么要做维护保养？举一个例子：企业的中央空调每年都应该制订一份维护保养计划，定期做保养，不能等到它不工作了再做维护。

针对维修环节，在接到保修单时，要进行判断：该设备的维修费已经高于设备的残值，要不要修？这种情况通常会选择更换，但是，如果设备里存有很高的信息价值，就要另做选择，及时送修。

此外，在维修设备时，还要注意信息安全的管理。

七、报废和赔偿

如果设备无法维修，就要报废。如何进行报废？这跟财务部门有一定的关系，要计算一下该设备的残值是多少。不同公司的财务部门使用的会计准则不一样，有的折两年，有的折三年，甚至有的折八年，有的可能是一次性折旧。是否报废，需要根据财务部门使用的会计准则来进行判断。

如果设备被某个员工意外损坏，则可能需要赔偿，公司要建立相应的赔偿机制，按照折旧或其他方式进行赔偿。

八、计划和预算

理顺固定资产的整体管理，必须做好两点：一个是计划，一个是预算。

1. 计划

即一年内的公司采购、维修、保养等计划。比如：要买多少东西？有多少东西应该日常维护？如果不维护出现问题，那么是不是到年限再进行采购？

2. 预算

预算和计划是相对应的。比如，根据公司的需求，各类资产应该买多少？在过去的一年中，对固定资产的保养需要花多少钱？在有些固定资产不能继续使用的情况下，重新购置需要花多少钱？在计划之外再有一些维修，需要花多少钱？

[案例] 老板更需要懂财务

杜老板是业务员出身，早年跑业务时能拼命、肯动脑，赚到了人生的第一桶金以后，创办了自己的公司。

在公司成立之初，多数员工都是亲戚。杜老板主抓业务，觉得这是公司的命脉，其他部门都交给亲戚来管理。

对于财务，杜老板觉得无非就是记记账，给公司报税，给员工发工资，年底时统计一下全年的投入和收益，两者一减，就是自己的全部所得，干脆一股脑地外包给专门的记账公司，自己乐得清闲。

对于公司的日常管理工作也比较粗放，尤其是财务。杜老板觉得公司是自己的，公司的钱就是自己的钱，平时收入和支出没进行核算，公司的账户和自己的私人账户共用，买房、买车都从公司账户上拿钱；公司资金周转不开时，也直接用自己的银行卡垫钱。

某一天，公司突然来了几名税务稽查人员，声称杜老板的公司有偷税漏税之嫌，依据是公司的部分收入直接转入了老板的私人账户，使企业少交了增值税、企业所得税等。

杜老板如梦初醒，觉得自己的财务知识太欠缺了，于是专门聘请了专业的财务人员，将公司的财务管理逐渐正规化。

一些初创公司，尤其是家庭作坊式的公司，老板的财务意识普遍比较淡薄,为了生存,只知道抓销售业务,对财务的理解还停留在拿一个小本子记记账、给员工发工资的阶段,忽略了公司经营中潜在的财务和税务风险。因此,为了企业的长远发展,老板一定要懂财务。

第五章 企业财税管理的热点与要点

老板财税思维——如何搞定老板的财税痛点

财税趋势

在数字化时代,企业面临的财务管理难题愈发复杂。从财务电算化到财务信息化,再到财务智能化,虽然这些技术让财务工作变得高效,但痛点依然存在:

人员多、效能低,财务运营成本居高不下;

数据杂、统计慢,支撑领导经营决策不够;

流程长、扩张快,财务管理复制跟进乏力;

垫资多、贴票烦,费用申请、报销体验差……

如何解决这些问题呢?

一、财务工作自动化

财务工作自动化是在现有财务软件的基础上,借助一些免费的智能软件,利用BI技术,通过优化财务工作流程,实现原始数据整理、记账凭证录入、应收账款管理、报表生成、财务指标计算等机械性、重复性操作的自动化,提高财务人员的工作效率,减少财务人员低价值重复性操作的时间,让财务人员将自己的时间和精力更多用在沟通、监督内控、流程设计、数据分析、规划等更有价值的管理性工作上。

人的时间和精力都是有限的，机械性、低价值、重复性等基础性工作内容占用的工作时间和精力越多，财务人员工作体现的价值越低。财务工作自动化的目的在于提高财务人员的工作效率，助力财务人员更好地为企业创造价值。

财务工作自动化主要涵盖以下具体内容。

1. 财务软件免费升级

整合现有财务软件和免费智能软件，利用 BI 技术，让普通的财务软件实现智能化功能。

2. 重复性操作模型化

对原始数据整理、记账凭证录入、应收账款账期管理、报表生成、财务指标计算等机械性、重复性操作建立模型。

3. 信息可视化

用动态交互式图表展现加工后的财务信息，效果更生动、更形象，可以更加直观地反映出信息背后的问题。

财务工作自动化不同于企业信息化（ERP），不需要购买软件、添加设备，不需要重新规划各种业务流程，仅是现有流程的优化和精细化，部署失败的风险很小，而 ERP 项目烂尾导致企业损失的案例太多。

二、财务工作信息化

财务工作要面对企业众多的流程以及庞大而复杂的数据，不仅给财务职能部门提出了挑战，也为企业提供了分析业务的重要机会。在这场数据革命中，预测功能强大的分析工具正在不断地除旧布新。

财务的最大价值就是坐拥企业最多的数据。但是，很多传统的财务坐拥数据的金矿，却不进行开采，只做企业的"粮草官"，不做企业的"参谋官"。这是一种对数据价值的严重浪费。

智能化变革之下的"财务工作"，需要用信息化的手段留下高质量的财务数据，再依托信息化的手段辅助财务决策。

财务工作信息化可以最大化地挖掘数据价值，彻底改变传统财务数据"模糊、定性、粗糙"的尴尬状态，以信息化技术催生出"清晰、定量、精细"财务数据，让财务数据辅助财务决策成为可能。

财务工作信息化的最终目的是提高企业运营效率，突破发展瓶颈，为实力的提升提供源源不断的动力。

三、财务工作数字化

财务工作数字化有两层含义：一是全面应用以"大智移云物"和区块链为代表的数字化技术；二是对财务模式，包括组织、流程和工作模式等进行全方位变革，使财务系统能够更好地支撑企业的业务发展。

互联网商业模式是以消费侧为主导、以模式为核心的资本经济。如今，很多企业在业务端已经应用了线上、线下相融合的新思想，但财务支撑体系还是采用与交易分离，以事后报账为主线、以管控风险为目标的传统模式，流程复杂、效率低下，无法匹配前端快速响应的管理要求，必须进行重塑。

企业应采用以下两大策略引导财务模式变革，推动财务工作数字化进程。

1.连接全流程

数字化的核心是连接，即利用新一代信息技术，实现企业内部各部门的连接、企业与用户的连接、企业与上下游供应商的连接，乃至未来企业与整个社会的连接。具体到财务工作数字化领域，就要将财务流程与业务流程和管理流程完全连接起来，实现全流程的"互联网化"；同时，还要基于互联网打通内外、连接内外，重构财务流程，并使后端财务和前端交易能够在线同步进行。

在传统财务模式下，财务流程和交易分离，导致大量复杂的流程环节。以费用管控为例，很多企业为了实现流程管控，设计了众多控制流程。比如，为了保证预算的正确使用，要设置事前预算申请和预算审批流程，当交易发生后，不管是业务人员、审批领导，还是财务人员，都要重复很多事后工作，管理低效，成本高昂。

同时，在传统财务系统中，财务会计按权责发生制的要求确认损益，凭发票入账，业务发生和业务入账分离，财务处理在时间上落后于业务活动，财务会计提供的信息是历史性的，缺乏前瞻性。

此外，财务会计依据会计分期假设的要求，定期产出并传递信息。在激烈的市场竞争中，财务会计信息传递的时间固定性与决策的及时性产生了巨大的矛盾。

两种因素叠加，导致传统财务信息滞后，无法满足使用者实时决策的需要。要想从根本上解决上述问题，可以这样做：

（1）将财务和交易打通，将财务流程、业务流程和管理流程等连接起来，重新构建财务流程，消除大量的冗余环节。

（2）将财务流程、业务流程和管理流程全部连入互联网，将业务端的所有交易都转移到线上，使财务端的所有业务都能基于线上交易实时进行处理，将事后的记账报账转变成业务发生时的记账报账，将手工会计处理转变为在线自动实时处理。

2.打通全数据

数字化的基础是数据。要想实现财务工作数字化,不仅要打通全方位、全过程、全领域的数据实时流动与共享,还要将信息技术与财务管理等真正融合到一起。

从本质上来说,传统财务是准则导向、披露导向的,而不是业务导向的、管理导向,ERP系统主要为流程操作服务,容易引发两个问题。

(1)财务信息客观但未必真实。财务记账以发票内容为主体,但发票无法反映业务的本质,财务数据与业务实质脱离。这些都导致ERP财务信息失真,口径无法满足管理需求。

(2)财务信息为单一化的货币计量信息,而非企业综合性的全面经济信息。货币计量信息固然具有一定的综合性,但非货币性信息对管理往往至关重要。财务信息支撑体系存在的这些问题使得财务信息片面、失真,无法满足业务管理的需求。

同时,传统企业信息化系统由一系列相互独立的专业套装软件系统构成,形成了烟囱式的架构,造成了大量的信息孤岛。为此,企业必须打通数据壁垒,改变基础数据的获取路径,推动数据流动。

企业财务热点问题

一、管理与目标

企业财务管理目标是组织财务活动、处理财务关系所要达到的根本目的，它决定着企业财务管理的基本方向，也是企业财务管理工作的出发点。

企业财务管理目标直接反映了财务管理环境的变化，体现了企业利益集团利益关系的均衡，是各种因素综合作用的结果。因此，要想对财务管理目标进行研究，就要从影响财务管理的各个因素入手。

企业财务管理目标在不同时期受不同理财环境、不同国度等因素影响，如表 5-1 所示。

表5-1　影响企业财务管理目标的主要因素

影响因素	说明
财务管理主体	财务管理主体是指要将财务管理活动限制在一定的组织内，明确财务管理的空间范围。自主理财的确立使得财务管理活动成为企业总体目标的具体体现，这就为正确确立企业财务管理目标奠定了理论基础
财务管理环境	财务管理环境不仅包括经济环境、法律环境、社会文化环境等财务管理的宏观环境，还涉及企业类型、市场环境、采购环境、生产环境等微观环境，同样也是影响财务管理目标的主要因素

续表

影响因素	说明
企业利益集团利益关系	企业利益集团是指与企业产生利益关系的群体。在现代企业制度下，企业的利益集团已不是单纯的企业所有者，影响财务管理目标的利益集团包括企业所有者、企业债权人、政府和企业员工等，不能将企业财务管理目标仅归结为某一集团的目标，应该是各利益集团利益的综合体现
社会责任	社会责任是指企业在从事生产经营活动，获取正常收益的同时，应当承担相应的社会责任 企业财务管理目标和社会责任客观上存在矛盾：企业承担社会责任会造成利润和股东财富的减少 企业财务管理目标和社会责任也有一致性：首先，企业承担社会责任大多是法律所规定的，如消除环境污染、保护消费者权益等，企业财务管理目标的完成必须以承担社会责任为前提；其次，企业积极承担社会责任，为社会多做贡献，才能树立良好的形象，有利于企业财务管理目标的实现

二、报表及其分析

通过财务报表分析，可以了解组织整体的健康状况。财务报表记录的财务数据必须通过财务报表分析进行评估，才能对投资者、股东、经理和其他相关方产生作用。

财务报表分析是确定公司过去、现在和预期业绩的评估方法。

1. 横向（水平）分析

横向分析或趋势分析是基本分析中的一个过程，是在一段时间内对公司财务报表中的比率或项目进行比较。在选择特定的时间表时，可以使用个人的判断力，但是，这个决定通常是基于所考虑的投资时间范围的。

横向分析允许投资者和分析师确定公司随着时间的推移如何增长，投资者和分析师还能使用横向分析来比较公司与其竞争对手和行业的增长率。

（1）横向（水平）分析示例。横向分析考察的是多个时期财务报表的

趋势,并使用特定的基期。横向分析通常以单位元和百分比显示基期的变化。百分比变化的计算方法是:

比较年份和基准年份之间的美元变化 ÷ 基准年的项目值 ×100%

(2)横向(水平)分析与纵向(垂直)分析。横向分析和纵向分析之间的区别在于,纵向分析涉及将公司财务报表中的每个项目列为单独列。例如,在纵向分析中,销售成本(COGS)和毛利润通常被列为销售额的百分比。假设 ABC 公司报告的销售额为 5000 万元,销售成本为 2500 万元,那么,ABC 公司的毛利润为 2500 万元。

2. 比率分析

比率分析是对公司财务报表中所含信息的定量分析,主要用于评估公司经营和财务业绩的各个方面,如效率、流动性、盈利能力和偿债能力。

比率分析是基本面分析的基石。当投资者和分析师谈论基本或定量分析时,通常指的是比率分析。

比率分析是在深入挖掘财务报表之前快速评估公司健康状况的好方法。例如,市盈率可以提供对估值的洞察力,而债务覆盖率可以告诉投资者潜在的流动性风险。多数投资者都熟悉一些关键比率,尤其是相对容易计算的关键比率,如流动比率、股本回报率(ROE)、债务股权(D/E)比率、派息比率和市盈率(P/E)。虽然有很多财务比率,但是比率分析通常可以分为六大类。

(1)流动性比率。流动性比率衡量的是公司利用公司当前或快速资产偿还短期债务的能力,主要包括流动比率、速动比率和营运资本比率。

(2)偿付能力比率。也称财务杠杆比率,主要包括债务权益比率、债务资产比率和利息覆盖率。

（3）盈利能力比率。盈利能力比率显示了公司如何从其运营中获得利润，主要包括利润率、资产回报率、股本回报率等。

（4）效率比率。也称活动比率，主要包括资产周转率、存货周转率和库存日销售额。

（5）覆盖比率。覆盖比率可以用来衡量公司的偿还能力，主要包括利息保障倍数比率和偿债覆盖率。

（6）市场前景比率。例如，股息收益率、市盈率、每股收益和派息比率，这些是基本分析中最常用的比率。投资者一般利用这些比率来确定他们从投资中获得的收益，并预测股票的未来走势。

三、财务分析

财务分析本身不是目的，要通过财务报表看到数据背后的企业。

1. 从财务数据穿透到企业业务经营层面

财务要与业务相联系和印证。例如，利润表上的"营业收入"，背后是企业产品的销售情况，包括产品类型、产品种类、产品销售范围和产品销量等。

2. 从业务层面反向思考到报表层面

既要看懂公司的业务和盈利模式，推测出企业是怎样赚钱的；又要反向思考，看企业赚钱的方式在报表上是如何体现的。

3. 把握财务分析的核心内容

财务分析的核心是判断企业的经营质地和资产质地、收入和利润的质量、成长性、持续盈利能力。

企业纳税热点问题

一、增值税

企业增值税常见问题如下。

1. 企业购买了电脑，取得的增值税专用发票能否抵扣进项税额？

回答：根据以下文件的规定，企业购买的电脑可以取得增值税专用发票，不属于不能抵扣的项目情况，能抵扣进项税额。

《中华人民共和国增值税暂行条例》第八条规定：

纳税人购进货物或接受应税劳务（以下简称购进货物或应税劳务）支付或负担的增值税额，为进项税额。下列进项税额准予从销项税额中抵扣：从销售方取得的增值税专用发票上注明的增值税额。

《中华人民共和国增值税暂行条例》第十条规定：

下列项目的进项税额不能从销项税额中抵扣：

（1）用于非增值税应税项目、免征增值税项目、集体福利或个人消费的购进货物或应税劳务；

（2）非正常损失的购进货物及相关的应税劳务；

（3）非正常损失的在产品、产成品所耗用的购进货物或应税劳务；

（4）国务院财政、税务主管部门规定的纳税人自用消费品；

（5）本条第（1）项至第（4）项规定的货物的运输费用和销售免税货物的运输费用。

2.印刷厂自己购买纸张，受出版企业委托印刷报纸，是否要缴纳增值税？

回答：需要缴纳增值税。

《财政部 国家税务总局关于增值税若干政策的通知》（财税〔2005〕165号）第十二条规定：

印刷企业接受出版单位委托，自行购买纸张，印刷有统一刊号（CN）以及采用国际标准书号编序的图书、报纸和杂志，按货物销售征收增值税。

3.小规模纳税人企业出售自己使用过的小轿车，用交增值税吗？还涉及其他税种吗？

回答：需要交增值税。《关于部分货物适用增值税低税率和简易办法征收增值税政策的通知》（财税〔2009〕9号）规定：小规模纳税人（除其他个人外，下同）销售自己使用过的固定资产，减按2%征收率征收增值税。可见，小规模纳税人企业出售使用过的小轿车需要按 2% 征收率征收增值税。

此外，根据以下规定，企业出售使用过的小轿车取得的收入，需要并入收入总额，计算缴纳企业所得税。

《中华人民共和国企业所得税法》第五条规定：

企业每一纳税年度的收入总额，减除不征税收入、免税收入、各项扣除以及允许弥补的以前年度亏损后的余额，为应纳税所得额。

《中华人民共和国企业所得税法》第六条规定：

企业以货币形式和非货币形式从各种来源取得的收入，为收入总额，包括转让财产收入。

《中华人民共和国企业所得税法》第八条规定：

企业实际发生的与取得收入有一定的关系的、合理的支出，包括成本、费用、税费、损失和其他支出，准予在计算应纳税所得额时扣除。

《中华人民共和国企业所得税法实施条例》第十六条规定：

企业所得税法第六条第（三）项所称转让财产收入，是指企业转让固定资产、生物资产、无形资产、股权、债权等财产取得的收入。

《中华人民共和国企业所得税法实施条例》第三十二条规定：

企业所得税法第八条所称损失，是指企业在生产经营活动中发生的固定资产和存货的盘亏、毁损、报废损失，转让财产损失……

4. 一般纳税人企业支付的用于建造不动产的工程物资，发生的运费可以抵扣吗？

回答：根据下列文件规定，不允许抵扣进项税额。

《中华人民共和国增值税暂行条例》（中华人民共和国国务院令第538号）第十条规定：

下列项目的进项税额不能从销项税额中抵扣：

（1）用于非增值税应税项目、免征增值税项目、集体福利或个人消费的购进货物或应税劳务；

（2）非正常损失的购进货物及相关的应税劳务；

（3）非正常损失的在产品、产成品所耗用的购进货物或应税劳务；

（4）国务院财政、税务主管部门规定的纳税人自用消费品；

（5）本条第（1）项至第（4）项规定的货物的运输费用和销售免税货物的运输费用。

根据《中华人民共和国增值税暂行条例实施细则》(国家税务总局令第 50 号)第三十二条、条例第十条第(1)项和本细则所称非增值税应税项目,是指提供非增值税应税劳务、转让无形资产、销售不动产和不动产在建工程。

前款所称不动产是指不能移动或移动后会引起性质、形状改变的财产,包括建筑物、构筑物和其他土地附着物。

5. 增值税一般纳税人,主要经营大型设备的销售及其安装业务,与客户签订的合同工期超过一年。合同约定客户分次支预付工程款。企业应在什么时间开具发票,申报缴纳增值税?

回答:根据下列文件规定,应按书面合同约定的收款日期确认增值税纳税义务的发生时间并开具发票,并在确认增值税纳税义务发生的当月申报纳税。

《中华人民共和国增值税暂行条例》第十九条规定了增值税纳税义务的发生时间:

销售货物或应税劳务,为收讫销售款项或取得索取销售款项凭据的当天;先开具发票的,为开具发票的当天。

《中华人民共和国增值税暂行条例实施细则》第三十八条、条例第十九条第一款规定的收讫销售款项或取得索取销售款项凭据的当天,按销售结算方式的不同,具体为:

采取预收货款方式销售货物，为货物发出的当天，但生产销售生产工期超过12个月的大型机械设备、船舶、飞机等货物，为收到预收款或书面合同约定的收款日期的当天。

6. 企业本月已经收到货款，但客户没有索要发票，本月是否可以不开具发票，只在申报表中体现先交税，以后月份再开发票？

回答：不能这样做。根据下列文件规定，企业应该按销售结算的方式，确定增值税纳税义务的发生时间，只要纳税义务已经发生，就必须按规定开具发票，并在开具发票的当月填写增值税申报表，计算缴纳增值税。

《中华人民共和国增值税暂行条例》第十九条规定了增值税纳税义务的发生时间：

销售货物或应税劳务，为收讫销售款项或取得索取销售款项凭据的当天；先开具发票的，为开具发票的当天。

《中华人民共和国增值税暂行条例实施细则》第三十八条、条例第十九条第一款规定的收讫销售款项或取得索取销售款项凭据的当天，按销售结算方式的不同，具体为：

（1）采取直接收款方式销售货物，不论货物是否发出，均为收到销售款或取得索取销售款凭据的当天；

（2）采取托收承付和委托银行收款等方式销售货物，为是发出货物并办妥托收手续的当天；

（3）采取赊销和分期收款等方式销售货物，为书面合同约定的收款日期的当天，无书面合同或书面合同没有约定收款日期的，为货物发出的当天；

（4）采取预收货款方式销售货物，在货物发出的当天，但生产销售生产工期超过12个月的大型机械设备、船舶、飞机等货物，为收到预收款或书面合同约定的收款日期的当天。

7.根据文件规定，从2012年起，蔬菜流通环节免征增值税。

请问：

（1）腌制、泡制的蔬菜能否享受免征增值税？

（2）目录中没有列举的蔬菜，比如，与水生蔬菜中海带、紫菜类似的裙带菜、龙须菜，能否享受免征增值税？

回答：（1）腌制、泡制的蔬菜，可以享受免征增值税；（2）目录中没有列举的蔬菜，比如，与水生蔬菜中海带、紫菜类似的裙带菜、龙须菜，如果是农业生产者自产的，对外销售，也能免征增值税。

《中华人民共和国增值税暂行条例》第十五条规定，下列项目免征增值税：

（1）农业生产者销售的自产农产品。根据《财政部 国家税务总局关于印发＜农业产品征税范围注释＞的通知》（财税〔1995〕第52号），农业产品是指，种植业、养殖业、林业、牧业、水产业生产的各种植物、动物的初级产品。

（2）蔬菜。蔬菜是指可以作副食的草本、木本植物的总称。本货物的征税范围包括：各种蔬菜、菌类植物和少数可作副食的木本植物。经晾晒、冷藏、冷冻、包装、脱水等工序加工的蔬菜、腌菜、咸菜、酱菜和盐渍蔬菜等，也属于本货物的征税范围。各种蔬菜罐头，则不属于本货物的征税范围。

（3）其他植物。其他植物是指，除了上述列举的植物以外的其他人工种植和野生的植物，比如，树苗、花卉、植物种子、植物叶子、草、麦秸、豆类、薯类、藻类植物等。

8. 小规模纳税人企业，年销售收入为80万元，转为一般纳税人。

请问：

（1）80万元是含税的收入，还是不含税的收入？

（2）"年"指的是1月1日至12月31日吗？举个例子具体说明。

回答：

（1）根据下列文件规定，80万元指的是不含税销售额。

《中华人民共和国增值税暂行条例实施细则》第二十八条、条例第十一条所称小规模纳税人的标准为：

①从事货物生产或提供应税劳务的纳税人，以及以从事货物生产或提供应税劳务为主，并兼营货物批发或零售的纳税人，年应征增值税销售额（以下简称应税销售额）在50万元以下（含本数，下同）的；

②除本条第一款第①项规定以外的纳税人，年应税销售额在80万元

以下的。

本条第一款所称以从事货物生产或提供应税劳务为主,是指纳税人的年货物生产或提供应税劳务的销售额占年应税销售额的比重在50%以上。

另外,《增值税一般纳税人资格认定管理办法》(国家税务总局令第22号)规定:

增值税纳税人(以下简称纳税人)年应税销售额超过财政部、国家税务总局规定的小规模纳税人标准的,除本办法第五条规定外,应当向主管税务机关申请一般纳税人资格认定。

(2)"年"指的并不是1月1日至12月31日。"连续没有超过12个月的经营期内"不是指公历年,如果从2011年3月开始算起,那么在连续没有超过12个月的经营期内指的是,到2012年2月为止算一个周期。在这段时间内,如果企业的不含税销售额超过80万元,就需要向主管税务机关申请一般纳税人资格认定。

《增值税一般纳税人资格认定管理办法》(国家税务总局令第22号)规定:

本办法所称年应税销售额,是指纳税人在连续没有超过12个月的经营期内累计应征增值税销售额,包括免税销售额。

9.企业原来是增值税一般纳税人,现在想从桥西区迁移到桥东区,迁移后,需要重新申请增值税一般纳税人资格吗?

老板财税思维——如何搞定老板的财税痛点

回答：根据下列文件规定，不需要重新申请。

《国家税务总局关于一般纳税人迁移有关增值税问题的公告》第一条规定：

增值税一般纳税人（以下简称纳税人）因住所、经营地点变动，按照相关规定，在工商行政管理部门做变更登记处理，但因涉及改变税务登记机关，需要办理注销税务登记并重新办理税务登记的，在迁达地重新办理税务登记后，其增值税一般纳税人资格予以保留，办理注销税务登记前尚未抵扣的进项税额允许继续抵扣。

二、企业所得税

目前，在企业所得税管理工作中，主要存在以下几个问题。

1. 财务核算不规范

进行所得税征收管理，有些企业不能按照现行的会计制度规定合理设置会计科目，不能按照会计处理程序正确核算各项经济业务，对各项成本费用列支没有严格把关，审核力度不够，乱摊成本、虚增虚列费用等现象总是出现。

有些企业对所得税工作缺乏认识、不够重视，在进行存货管理时，没有建立明确的管理制度，对各种存货的收发和结存没有完整的原始记录和收发手续，总是物一堆、货一堆。

有些新创企业的老板将自己使用过的房屋、设备、运输工具等投资于企业，忽视了固定资产的核算要求，不能对固定资产进行正确计价，高估固定资产价值，多提折旧。

有些企业对所得税政策掌握不全面，界限划分不清，不能按照权责发生制的原则，正确核算各项收入和费用。

为了调整纳税年度的应纳税所得额，有些企业把已经实现的收入人为地压到下一年度入账；为了少交所得税或推延纳税，有些企业对应纳税所得额进行自我调节。

以上这些问题的存在，从根本上制约了所得税工作的顺利开展。

2. 在建账建制上，缺少必要的遵从意识和法律观念

企业在履行正常的财务制度时，主要有三个方面的不足。

（1）财务制度执行不严，不能按照财务制度的规定处理有关会计事项。比如，在资金流通环节，不能严格按照现金管理规定，控制库存现金限额，出现了很多大额现金交易，致使部分收入通过现金流通渠道从企业账面上流失，造成了国家税收收入的减少。

（2）对财务人员的管理不规范。有关部门对现行的会计执业资格缺少必要的监控和管理手段，部分会计从业人员不具备会计资格或没有取得相应的会计资格证书，更有甚者借用他人的会计资格证书，对专业知识一知半解，账簿记载模糊，成本、收入、费用等项目记录不全面、不完整，对正常的所得税核算成果造成了负面影响。

（3）法律观念淡薄。个别企业的老板为了获取不正当的利益，不惜以身试法，让会计编制两套账或提供虚假记账凭证或销毁记账凭证，掩盖收入，隐匿企业所得税。

3. 行政事业单位应税收入管控难

根据现行所得税法的有关规定，对行政事业单位的有关经营所得要依

老板财税思维——如何搞定老板的财税痛点

法征收所得税。但是，就目前的状况来看，税务机关对行政事业单位征收所得税还是有一定难度的。

（1）监控难。多数行政事业单位的经营所得在时间和空间上存在很大的不确定性，再加上纳税意识淡薄、行政手段干预等因素，使得税务机关很难掌握与生产经营有关的纳税资料。

（2）管理难。多数行政事业单位游离于税务机关的税务登记管理，税务机关实施税务检查的手段、方式等相对弱化；再加上行政事业单位对应税所得的账务记载不完整、不全面，也造成了税务机关管理难。

4.新创企业所得税管理难

新创企业所得税管理难，主要表现在两个方面，如表5-2所示：

表5-2　新创企业所得税管理的难点

难点	说明
征收方式确定难	目前，采用查账征收、核定征收和定额征收等所得税管理方式，每种征收方式的鉴定都需要在企业的生产经营前期进行，税务机关核定出的征收方式与企业后期的实际生产经营状况存在巨大的不一致性 同时，所得税征收方式的鉴定与地税部门不尽一致，标准、尺度等存在差异，在同等规模、相同行业或类似行业之间，鉴定结果也存在不一致的现象，纳税人不信任税务机关执法的公正性，影响了公平、公正的税务机关形象
应税所得率核定难	采用核定征收所得税的方式，虽然可以在应税所得率的设置上体现出税负从高的原则但是核定的项目太多，纳税人资料不齐全，很难给纳税人核定合适的应税所得率。同时，应税所得率设置得太高，还会在一定程度上制约纳税人的扩大再生产

5.管理者业务水平不同，弱化了所得税的管理

新创企业的所得税业务重新归属国税部门管理，虽然很多企业都加强了对员工进行企业所得税知识的学习培训力度，但由于国税部门对该项业

务长期搁置，且业务量大、面广、计算复杂，在较短的时间内要想全面提高管理者的整体业务水平确实很难，只会弱化了企业所得税管理，引发业务脱节、岗位间衔接不到位等现象。

三、个人所得税

个人所得税的缴纳主要存在以下问题：

（1）工资、薪金所得没有代扣代缴个人所得税，企业负担个人所得税没有换算为含税收入，各种补贴和奖金没有合并到应税收入中而少扣缴个人所得税。

（2）支付给个人的房租没有取得合法凭证，没有代扣代缴个人所得税。

（3）政策理解偏差，年终对个人股东分红扣缴计算错误，少扣缴个人所得税。

（4）各种补贴和奖金没有合并到应税收入中，偷漏个人所得税。企业在代扣代缴个人所得税时，只对工资部分进行核算计征，而奖金、补贴等其他形式的收入却没有并入总额计征税款，普遍存在个人所得税缴交不足的现象。

（5）公司年终对个人股东分红，没有按规定扣缴个人所得税。

（6）为了达到偷漏个人所得税的目的，部分企业以虚列工资、多报移动电话费等手段增加成本费用。

（7）支付个人收入，没有代扣代缴个人所得税。比如，支付咨询费、建安企业支付"包清工"工资、支付授课老师费用、支付董事补贴、发放一次性奖金，没有扣缴个人所得税等。

老板财税思维——如何搞定老板的财税痛点

营改增后企业涉税管理要点

一、业务分离

在营改增后,为了应对纳税流程的变化,企业要在登记、申报、发票管理、稽核分析和统计及风险管理等方面做好准备。

目前,我国增值税发票管理主要依靠金税工程,而金税系统在开具增值税专用发票的过程中,从领购税控机到开具发票,都需要人工参与。比如,纳税人要持税控IC卡领购发票;在开具发票时,需要人工输入信息并打印;纳税人对进项纸制发票进行扫描后,需要将扫描件送到税务机关认证等。因此,与营业税比起来,增值税专用发票的管理要复杂得多。

企业须加强与财税部门的沟通,就增值税发票的开具和使用等具体问题寻求业务指导,也可以编写供企业内部使用的增值税操作指南等。

二、采购控制

如果采购订单有合同,就要依据合同谈判结果或谈判意向,如可抵扣进项税的应明确做"价税分离";对于无合同的采购订单,需要依据已有信息进行预判断,对于可抵扣进项税的,应明确做"价税分离"。

1. 供应商管理

（1）一般纳税人提供应税服务，应纳税额＝当期销项税额－当期进项税额，一般纳税人直接开具增值税专用发票。

（2）小规模纳税人按照销售额和征收率计算应纳税额，公式为：应纳税额＝销售额×征收率，不能抵扣进项税额。通常，开具增值税普通发票，只能去税务局代开增值税专用发票。不论纳税人是什么类型的企业，其征收率都是3%，且不能进项抵扣。因此，企业不需要给小规模纳税人开具专用发票。小规模纳税人提供专用发票，必须由主管税务机关代开，企业在审票时，可以观察征税率是否为3%、开具的增值税专用发票有无"代开"字样……以此来判断纳税人提供的专用发票的真伪。

（3）个人，指自然人。《中华人民共和国增值税暂行条例实施细则》规定，应税服务年销售额超过规定标准的，其他个人不属于一般纳税人；向消费者个人销售货物或提供应税劳务的，不能开具增值税专用发票。简言之，自然人既不能给企业开具增值税专用发票，也不能接受企业提供的增值税专用发票。自然人虽然属于小规模纳税人，但不能要求税务机关代开专用发票。建筑、房地产等行业如果跟个人有业务往来，企业会要求他们开具增值税专用发票，但他们没有资质，只能在外购买假发票，会引发虚开增值税专用发票的风险。

（4）个体工商户。个体工商户很有可能是小规模纳税人，但只要符合一般纳税人标准，主管税务机关就会为其办理一般纳税人资格认定。个体工商户税号通常都是身份证号码，只要被认定为增值税一般纳税人，就要换成组织机构代码，即"当地区域代码＋企业组织机构代码"。因此，在保证潜在供应商充分竞争的情况下，供应商应为一般纳税人。在营改增之前，企业可以提前通知上下游企业，特别是供应商，未来只跟拥有一般纳税人资格的企业合作，同时对招投标文件进行修改。

2. 采购比价

案例：

某企业采购激光笔，有两个供应商报价。一个供应商是一般纳税人，报价为117元；另一个供应商是小规模纳税人，报价为106元。在营改增之前，从小规模纳税人处购货更划算；但是，在营改增之后，推荐一般纳税人。因为前者的成本为100元，17元为进项税，可以抵扣；而后者的成本为102.91元，税额为3.09元，通常税额不能抵扣，如果想抵税还要去税务局代开发票。

同样的价格，在选择供应商是一般纳税人还是小规模纳税人时，可以将不含税价格进行比较，继而做出判断。例如，材料售价为100元，税率为17%，不含税价格为85.5元。如果小规模纳税人能提供3%征税率的发票，且报价低于85.5元，就选择小规模纳税人；如果不能提供发票，但报价低于83元（85.5/1.03），则也可以选择小规模纳税人；如果报价高于85.5元，则选择一般纳税人。

3. 集中采购

在营改增之前，企业必须集中采购。需提前列出企业的成本和费用，划分集中采购的范围和单独采购的范围。

需要说明的是，预付卡是不能开具专用发票的，因为预付卡无法确定其用途。如果用来购买烟酒，那么，根据国家税务总局增值税发票管理规定：商业企业一般纳税人零售的烟、酒、食品、服装、鞋帽（不包括劳保专用部分）、化妆品等消费品不能开具专用发票。

4. 推迟采购固定资产

购置固定资产不能像购买建筑材料一样采取先买晚开票的形式。原因在于，在营改增前购置的固定资产不能进项抵扣，为了应对营改增，企业完全可以推迟采购固定资产。推迟采购的形式共有三种：先租后买、延长试用期和安装调试期。在营改增后，企业要改变购置车辆的流程。在营改增前，企业先买车后上牌照，最后再报销；在营改增后，企业在买车后应先报销再上牌照。

三、财务核算

在营改增后，需要了解以下财务核算问题。

1. 一般纳税人应在"应交税费"科目下设置哪些一级明细科目

可以设置"应交增值税""未交增值税""待抵扣进项税额""增值税留抵税额"和"增值税检查调整"5个明细科目进行核算。

2. "应交增值税"明细科目反映的内容

借方发生额，反映了企业应税行为的进项税额、实际已交纳的增值税额和月终转出的当月应交未交的增值税额。

贷方发生额，反映了企业销售应税行为收取的销项税额、出口企业收到的出口退税以及进项税额转出数和转出多交增值税。

期末借方余额，反映了企业还没有抵扣的增值税。

为了详细核算企业应交纳增值税的计算和解缴、抵扣等情况，企业应在"应交增值税"明细科目下设置"进项税额""已交税费""减免税款""出口抵减内销产品应纳税额""转出未交增值税""销项税额""营改增抵减的销项税额""出口退税""进项税额转出""转出多交增值税"等专栏,如表 5-3 所示。

表5-3 "应交增值税"科目下的明细设置

专栏	功能
进项税额	主要用来记录企业购入货物或接受应税劳务而支付的、按规定准予从销项税额中抵扣的增值税额。企业购入货物或接受应税劳务支付的进项税额,用蓝字登记;退回所购货物应冲销的进项税额,用红字登记
已交税费	主要用来记录企业本月已交纳的增值税额。企业本月已交纳的增值税额,用蓝字登记;退回本月多交的增值税额,用红字登记
减免税款	主要用来记录企业按规定享受直接减免的增值税款或按规定抵减的增值税应纳税额
出口抵减内销产品应纳税额	主要用来记录企业按规定退税率计算的零税率应税服务的当期免抵税额
转出未交增值税	主要用来记录企业月终转出应交而未交的增值税。月终,企业转出当月发生的应交未交的增值税额用蓝字登记
销项税额	主要用来记录企业销售货物或提供应税行为应收取的增值税额。企业销售货物或提供应税行为应收取的销项税额,用蓝字登记;退回销售货物应冲销的销项税额,用红字登记
营改增抵减的销项税额	主要用来核算一般纳税人提供应税服务,试点期间按照营业税改征增值税有关规定允许从销售额中扣除其支付给非试点纳税人价款,按规定扣减销售额而减少的销项税额
出口退税	主要用来记录企业零税率应税服务按规定计算的当期免抵退税额或按规定直接计算的应收出口退税额;零税率应税服务办理退税后发生服务终止而补交已退的税款,用红字登记
进项税额转出	主要用来记录企业的购进货物在产品、产成品等发生非正常损失以及其他原因而不应从销项税额中抵扣,按规定转出的进项税额
转出多交增值税	主要用来记录企业月终转出本月多交的增值税。月终,企业转出本月多交的增值税额用蓝字登记

3. "未交增值税"明细科目反映的内容

借方发生额,反映了企业月终转入的多交的增值税。

贷方发生额,反映了企业月终转入的当月发生的应交未交增值税。

期末借方余额反映了多交的增值税,贷方余额反映了未交的增值税。

4. "待抵扣进项税额"明细科目反映的内容

"待抵扣进项税额"明细科目主要用来核算一般纳税人按税法规定不符合抵扣条件,暂不予在本期申报抵扣的进项税额。

5. "增值税留抵税额"明细科目反映的内容

"增值税留抵税额"明细科目主要用来核算原增值税一般纳税人截止到营业税改征增值税实施当月,不能从应税行为的销项税额中抵扣的应税货物及劳务的上期留抵税额。

6. "增值税检查调整"明细科目反映的内容

国家税务总局关于印发《增值税日常稽查办法》的通知规定：

增值税一般纳税人在税务机关对其增值税纳税情况进行检查后:

(1)凡涉及应交增值税账务调整的,都要设立"应交税费——增值税检查调整"专门账户;

(2)凡检查后应调减账面进项税额或调增销项税额和进项税额转出的数额,借记有关科目,贷记"应交税费——增值税检查调整";

(3)凡检查后应调增账面进项税额或调减销项税额和进项税额转出的数额,借记"应交税费——增值税检查调整",贷记有一定的关系科目;

(4)全部调账事项入账后,应对该账户的余额进行处理,处理后,该账户没有余额。

7. 增值税期末留抵税额的会计处理

在开始试点当月月初,企业需要按照不能从应税服务的销项税额中抵扣的增值税留抵税额,借记"应交税费——增值税留抵税额"科目,贷记"应交税费——应交增值税(进项税额转出)"科目。

在后期允许抵扣时,按允许抵扣的金额,借记"应交税费——应交增值税(进项税额)"科目,贷记"应交税费——增值税留抵税额"科目。

8. 一般纳税人增值税税控系统专用设备和技术维护费用抵减增值税额的会计处理

(1)企业购入增值税税控系统专用设备,按实际支付或应付的金额,借记"固定资产"科目,贷记"银行存款""应付账款"等科目;

(2)按规定抵减的增值税应纳税额,借记"应交税费——应交增值税(减免税款)"科目,贷记"递延收益"科目;

(3)按期计提折旧,借记"管理费用"等科目,贷记"累计折旧"科目;同时,借记"递延收益"科目,贷记"管理费用"等科目;

(4)企业如果发生了技术维护费,则需要按照实际支付或应付的金额,借记"管理费用"等科目,贷记"银行存款"等科目;

(5)按规定抵减的增值税应纳税额,借记"应交税费——应交增值税(减免税款)"科目,贷记"管理费用"等科目。

9. 小规模纳税人增值税税控系统专用设备和技术维护费用抵减增值税额的会计处理

（1）企业购入增值税税控系统专用设备，按实际支付或应付的金额，借记"固定资产"科目，贷记"银行存款""应付账款"等科目；

（2）按规定抵减的增值税应纳税额，借记"应交税费——应交增值税"科目，贷记"递延收益"科目；

（3）按期计提折旧，借记"管理费用"等科目，贷记"累计折旧"科目；同时，借记"递延收益"科目，贷记"管理费用"等科目；

（4）企业如果发生了技术维护费，则按实际支付或应付的金额，借记"管理费用"等科目，贷记"银行存款"等科目；

（5）按规定抵减的增值税应纳税额，借记"应交税费——应交增值税"科目，贷记"管理费用"等科目。

10.一般纳税人差额征税的会计处理

（1）企业在接受应税服务时，按规定允许扣减销售额而减少的销项税额，借记"应交税费——应交增值税（营改增抵减的销项税额）"科目；

（2）按实际支付或应付的金额与上述增值税额的差额，借记"主营业务成本"等科目；

（3）按实际支付或应付的金额，贷记"银行存款""应付账款"等科目；

（4）对于期末一次性进行账务处理的企业，期末要按规定当期允许扣减销售额而减少的销项税额，借记"应交税费——应交增值税（营改增抵减的销项税额）"科目，贷记"主营业务成本"等科目。

老板财税思维——如何搞定老板的财税痛点

〔案例〕最新税收优惠政策的案例解读

某企业在北京注册正常经营，年交纳增值税税收为1000万元，年交纳所得税税收为500万元，共需要交纳税收1500万元。对于企业来说，压力可想而知。如果该企业在总部招商园区内注册成立一家新的有限公司，将企业业务合理分流，在园区内交纳1500万元税收，按照最高返还比例80%进行税收返还。

增值税返还税收：1000×50%×80%=400万元，增值税地方一级留存为50%，返还企业留存为30%~80%。

所得税返还税收：500×40%×80%=160万元，所得税地方一级留存为40%，返还企业留存为30%~80%。

主体公司原本需交纳1500万元税收，但通过园区返还该企业560万元税收。

通过这种办法，该企业只交纳了940万元税收，利润显而易见。

那么，这个方案合法合理吗？

其实，该政策是由地方政府出台的税收优惠政策，属于总部经济招商的税收返还，又叫财政扶持财政补贴。可以吸引企业入驻当地，增加当地财政收入，带动当地经济发展的相关税收优惠政策，不仅合理，还合法。该政策属于注册性招商，企业不用实地办公，就能享受。

注册成立有限公司或分公司、子公司，入驻园区，就能享受到园区的税收返还政策。

（1）返还企业留存为30%~80%；

（2）增值税地方一级留存为50%，所得税地方一级留存为40%；

（3）当月交纳，次月返还。

第六章 "金税四期"企业税收的合理筹划

老板财税思维——如何搞定老板的财税痛点

税收筹划基本思路

税收筹划的基本思路有如下几点。

一、缩小课税基础

根据公式"应纳税额＝课税基础×税率"可知，企业完全可以通过缩小课税基础的方法来减轻税务负担。在税法允许的范围内，使各项成本最大化、各项收入最小化，就能减轻税负。如此，不仅能直接减少应纳税额，还可以使用较低税率，达到双重减税的效果。

二、降低税率

各种税法都采用十多种税率，只有极少数采用单一税率，其中累进税率是节税效果最好的方法。

我国现行税制为纳税人实施税务筹划提供了选择较低税率的可能性。比如，将企业所得税分为25%的基本税率和15%的优惠税率（高新技术企业、区域性税收优惠）、10%的实际征收率（小微企业应纳税所得额超过100万元但总额不超过300万元部分）、2.5%的实际征收率（年应纳税所得额在100万元以下的小微企业）等多档优惠税率；消费税有产品差别比例税率等。

三、延缓纳税期限

企业在进行税务筹划时，要考虑到货币时间价值因素的影响，延缓纳税期限，享受相当于无息贷款的利益。事实证明，应纳税款期限越长，所获得的利益越大。例如，在计提折旧时，将平均年限法改为双倍余额递减法，就能获得延缓税款的利益。

四、合理归属所得年度

所得年度的合理归属，可以通过收入、成本、损益等项目的增减或分摊来达成，只不过为了享受到最大利益，需要正确预测销售的形成、各项费用的支付，以了解企业的获利趋势，进行合理安排。

老板财税思维——如何搞定老板的财税痛点

企业增值税筹划着眼点

企业增值税筹划的着眼点包括纳税人身份、混合销售行为、特殊销售、延期纳税等。

一、纳税人身份

常见的增值税纳税人身份筹划方法主要有两种。

方法1：对不含税销售收入中的增值率进行考察

这里涉及几个公式：

增值率 =（不含税销售收入 – 不含税购进额）÷ 不含税销售收入

一般纳税人应纳税额 = 不含税销售收入 × 增值率 × 适用税率（1）

小规模纳税人应纳税额 = 不含税销售收入 × 征收率（2）

设（1）（2）式相等，将适用税率和征收率代入，就能确定应纳税额的无差别增值率。

筹划结论：当企业的实际不含税增值率小于无差别增值率时，成为一般纳税人有利；当企业的实际不含税增值率大于无差别增值率时，成为小规模纳税人有利。

方法2：对含税销售收入中的增值率进行考察

这里涉及几个公式：

增值率＝（含税销售收入－含税购进额）÷含税销售收入

一般纳税人应纳税额＝含税销售收入÷（1+适用税率）×增值率×适用税率（3）

小规模纳税人应纳税额＝含税销售收入÷（1+征收率）×征收率（4）

设（3）（4）式相等，将适用税率和征收率代入，就能确定应纳税额的无差别增值率。

筹划结论：当企业的实际含税增值率小于无差别增值率时，成为一般纳税人有利；当企业的实际含税增值率大于无差别增值率时，成为小规模纳税人有利。

二、混合销售行为

一项销售行为如果既涉及货物又涉及服务，则为混合销售行为。混合销售行为一般遵循"三个一原则"，即一个销售行为、一个购买方、一个税率。从事货物的生产、批发或者零售的单位和个体工商户的混合销售行为，按照销售货物缴纳增值税；其他单位和个体工商户的混合销售行为，按照销售服务缴纳增值税。

上述所说的"从事货物的生产、批发或零售的单位和个体工商户"，包括以从事货物的生产、批发或零售为主，并兼营销售服务的单位和个体工商户在内。

这也就是说，在实际经营活动中，企业的兼营和混合销售一般都是同时进行的。

在进行税收筹划时，如果企业选择缴纳增值税，那么其应税货物的销售额就应该占到总销售额的50%以上；如果企业选择缴纳营业税，那么其应税劳务就应该占到总销售额的50%以上。

也就是说，企业完全可以通过控制应税货物和应税劳务的所占比例，成为低税负税种的纳税人。

某建筑装潢公司主要销售建筑材料，并代客户装潢。2021年，该公司承包了一项装潢工程，收入1200万元。该公司购进装潢材料1000万元（含增值税），销售建筑材料的增值税适用税率为17%，装潢的营业税税率为3%。那么，该公司应该如何纳税才能达到节税的目的？

混合销售的纳税平衡点其增值率为：

$R=(S-p)\div S=(1+17\%)\times 3\%\div 17\%=20.65\%$

（1）如果工程总收入为1200万元，则含税销售额的增值率为：

$R=(S-p)\div S=(1200-1000)\div 1200\times 100\%=16.67\%$

由于16.67%＜20.65%，因此，该项目混合销售缴纳增值税可以达到节税的目的。

应缴纳增值税税额：$1200\div(1+17\%)\times 17\%-1000\div(1+17\%)\times 17\%=29.1$（万元）

应缴纳营业税税额：$1200\times 3\%=36$（万元）

缴纳增值税可以节税：$36-29.1=6.9$（万元）

所以，如果该公司经常从事混合销售，且混合销售的销售额增值率在多数情况下小于增值税混合销售纳税平衡点，就要努力使年增值税应税销售额占据全部营业收入的 50% 以上。

（2）如果工程总收入为 1500 万元，则含税销售额的增值率为：

$R=(S-p)\div S=(1500-1000)\div 1500\times 100\%=33.33\%$

由于 33.33% > 20.65%，因此，该项目混合销售缴纳营业税可以达到节税的目的。

应缴纳增值税税额：$1500\div(1+17\%)\times 17\%-1000\div(1+17\%)\times 17\%=72.6$（万元）

应缴纳营业税税额：$1500\times 3\%=45$（万元）

缴纳营业税可以节税：72.6-45=27.6（万元）

所以，如果该公司经常从事混合销售，且混合销售的销售额增值率在多数情况下大于增值税混合销售纳税平衡点，就要努力使年增值税应税销售额占据全部营业收入的 50% 以下。

三、特殊销售

下面介绍几种特殊销售行为的纳税筹划。

1. 兼营行为与混合销售行为的合理安排

按照税法规定，在兼营行为与混合销售行为下，不同的业务情况需要缴纳不同的增值税或营业税。

纳税人在进行筹划时，要对比增值税与营业税税负的高低，然后选择低税负的税种。

（1）企业的兼营行为是指纳税人在销售增值税的应税货物或提供增值税应税劳务的同时，还从事营业税的应税劳务，且这两项经营活动并没有直接的联系和从属关系。税法规定兼营行为的征税方法，纳税人如果能分开核算，就分别征收增值税和营业税；不能分开核算的，一起征收增值税，不征收营业税；如果该企业是增值税的一般纳税人，在提供应税货物或劳务时，允许抵扣的进项税额少，就可以分开核算、分别纳税；如果该企业是增值税的小规模纳税人，就要比较一下增值税的含税征收率和企业所适用的营业税税率，如果企业所适用的营业税税率高于增值税税率，就不要分开核算。

（2）企业的混合销售行为是指以销售货物为主的混合销售行为。对于属于一般纳税人的企业来说，将涉及货物和增值税非应税劳务的营业额合并征收增值税，不仅会加大增值税税基，还会增加企业增值税负担。如果涉及营业税的项目无进项税额抵扣，或可抵扣的进项税额较少，就可以将混合销售行为转化为兼营行为。

2. 企业销售中有关折扣的纳税筹划

税法中对折扣的划分有4种：商业折扣、现金折扣、实物折扣和现金折返。企业在选择促销手段时，不仅要考虑其营销效果，还要重视税收成本，否则很可能会造成得不偿失的后果。

3. 代销方式的纳税筹划

代销方式有两种，如表6-1所示：

表6-1 代销方式

代销方式	说明
收取手续费的代销方式	即中间商按照生产企业制定的市场价格代销其产品，根据实现销售的商品数量，按照约定的比例向生产企业收取手续费。对于中间商来说，这种手续费收入是一种劳务收入，应缴纳营业税

续表

代销方式	说明
视同买断的代销方式	即中间商和生产企业约定一个协议价，只要产品能销售出去，双方就可以按照此协议价结算。虽然这种销售方式不用垫付资金，是一种代销，但中间商获取的收入来自商品销售，应缴纳增值税

采用表6-1所示的两种代销方式，中间商都能获取一定的收入，但税收负担却不同。假如中间商的收入相等，那么中间商就应该采用税收负担更轻、获得纯利润更大的那种代销方式。

四、延期纳税

延期纳税是指在合法和合理的情况下，使纳税人延期缴纳税收而相对节税的税收筹划。

这种方式并不能减少纳税人的纳税绝对总额，只能在无形中得到一笔无息贷款，增加纳税人本期的现金流量，使纳税人在本期有更多的资金，扩大流动资本，进行资本投资；由于通货膨胀，货币贬值，今天的1元要比将来的1元更值钱；货币具备一定的时间价值，今天多投入的资金可以产生收益，将来就能获得更多的税后所得，节减税收。

延期纳税具有如下几个特点。

1. 相对节税

延期纳税技术运用了相对节税的原理，一定时期的纳税绝对总额并不会减少，是利用货币时间价值节减税收的，属于相对节税型税收筹划技术。

2. 技术复杂

多数延期纳税涉及财务制度各方面的规定和其他技术，涉及财务管理的各个方面，只有具备一定的数学、统计和财务管理知识，对各种延期纳税节税方案进行比较复杂的财务计算,才能知道相对节减税收的数量,技术比较复杂。

3. 适用范围广

延期纳税技术可以利用税法延期纳税规定、财会制度选择性方法和其他规定等进行节税,几乎适用于所有纳税人,适用范围较广。

4. 稳定性

延期纳税主要利用的是财务原理,具有相对稳定性。

企业个人所得税筹划方案

一、高福利降工资

增加薪金收入确实能满足消费需求,但由于工资薪金个人所得税的税率是超额累进税率,一旦累积到一定程度,新增工资薪金带给个人的可支配收入就会逐步减少。因此,想办法降低名义收入,把个人现金性工资转为提供必需的福利待遇,既可以满足消费需求,又能少交个人所得税。

如果员工的收入高,不等钱用,则完全可以将社保、住房公积金等标准提高到最高限度。当然,公司所交额度也相应提高了,可以和公司协商。社保交多了,退休工资就会高;住房公积金个人和公司各交一半,全部计入个人账户,各地还有取现机制。所以,提高住房公积金缴存基数是较好的办法。

高新区某公司聘用高管,计划支付年薪120万元,但咨询税务师事务所后,与高管达成协议,将年薪降低为80万元,同时给高管提供一套现房和一辆车供使用。

粗略计算，该公司高管起码少交 40% 的个人所得税。

二、劳务报酬工资化

某私企老板雇人经营自己的私企，自己则在另一家公司工作，每月工资约为 4000 元。

开始时，他没有与这家公司签合同，4000 元作为劳务报酬所得应纳税额为（4000-800）×20%=640（元）。后来经过咨询，假如他与该公司建立雇佣关系，4000 元就可以作为工资薪金，收入应纳税额为（4000-2000）×10%-25=175（元），与之前比起来每月可以节税 465 元。

在实务中，企业的用工主要有签订《劳动合同》的正式员工和签订《劳务合同》的外聘人员，通常，企业给正式员工发放的是工资薪金所得，而给外聘人员发放的是劳务报酬，都需要为其代扣代缴个人所得税。

不考虑资金的时间价值，在新税法下，企业给自然人发放的是工资薪金还是劳务报酬，从一个纳税年度看，适用的计税方法完全一样，即都并入综合所得。

根据以下公式，得出应纳税所得额：

应纳税所得额 = 每一纳税年度的收入额 –（费用 5 万元 + 专项扣除 + 专项附加扣除 + 依法确定的其他扣除项）

然后就可以按照七级超额累进税率计算缴纳个人所得税。

但是，根据新税法的规定，劳务报酬所得以收入减除 20% 的费用后的余额为收入额，即企业给某自然人支付相同金额的报酬，按照工资薪金发放，全额计入收入；按照劳务报酬发放，按全额的 80% 计入收入。这样算起来，劳务报酬就比工资薪金缴纳个人所得税更划算。

老板财税思维——如何搞定老板的财税痛点

"金税四期"企业稽查节点

"金税四期"企业稽查节点有如下几个方面。

一、收入

如果企业少记或隐匿了部分销售收入,"金税四期"就会通过成本和费用来进行比较,看看利润是否为负数、开具了哪种发票、收到多少货款、销售了哪些商品。

通过大数据,"金税四期"还能查询与企业交易的下游企业的相关账本数据,通过比较,找到异常。因此,对于将货款直接打到个人账户、个人微信或支付宝等,直接用现金收款方式来隐匿部分收入,或企业收到款项却迟迟不开发票、没有开票收入申报、企业多给客户开发票等行为,企业一定要慎重对待。

二、成本费用

通常,企业的收入和成本配比,比例稳定。如果企业自身的收入与费用严重不匹配,主营成本长期大于主营收入,就会引起税务关注。比如:

(1)企业长期购置原材料或产品时暂估入库。

(2)为了低价购进原材料或商品而不索要发票。

（3）计提了费用，却没有费用发票。

（4）业务招待费增幅较高、数额较大，在企业账目上存在大量的咨询、加油、差旅费等，计提了成本费用，却迟迟没有发票。

对每笔支出数额进行对比，如果不相符，就会被判定为异常。

三、利润

利润表中的利润总额与企业所得税申报表中的利润总额不一致，企业对外申报处于常年亏损状态，没有盈利，比同行业企业利润率偏低，通过大数据的比对，所有的收入信息和成本信息只要出现异常，都会很容易地被查出来。

四、库存

在"金税四期"上线后，企业库存数据变得更加透明，比如，企业进了多少货、出了多少货、还剩多少货，可能比企业自己还清楚。

如果企业只有销售数据而没有购买数据或购买量少，在"金税四期"的大数据监控下，企业的进销存接近透明化，就会判断出企业的库存处于递减状态。一旦检测判断出异常，企业就会被约谈，甚至实地盘查。

因此，企业一定要做好存货管理，统计好进销存，定期盘点库存，以免库存账实不一致。如果库存账实不一致，就要制作账实差异分析表，保留相关证据资料，供相关部门查看。

五、税额

对于税额的各个维度，"金税四期"都能强有力地识别出来，比如：

（1）增值税收入长期大于企业所得税收入；

（2）期末存货与留底税费不匹配；

（3）实收资本增资，印花税却为0；

（4）税负率异常，企业平均税负率上下浮动超过20%，应纳税额变动太大；

（5）多数员工工资长期处于个人所得税起征点以下；

（6）员工个人所得税申报表中的工资与企业申报的工资不一致。

其实，企业只要真实、准确、合法地经营，取得发票做账，按时按规申报，即使被"金税四期"直接调查出来异常，也不用太过担心，毕竟查出异常只是第一步，还会有专门人员来具体核实，不会草率地判定你申报的数据作假。此外，企业还要自查容易被忽视的风险，以免给企业带来麻烦。

六、银行账户

企业销售货物，货款进入对应的银行账户，收到的货款却没有入账"金税四期"系统，就会被分析并识别出异常。

（1）企业当期新增应收账款大于收入的80%，应收账款长期为负数；

（2）当期新增应付账款大于收入的80%，预收账款减少但未记入预收账款，占销售收入的20%以上；

（3）当期新增其他应收款，大于销售收入的80%，账务与银行流水不匹配，需要严格监控管理。

有三种情况会被重点监管：任何账户的现金交易，超过5万元；公户转账，超过200万元；私户转账，超过20万元（境外）或50万元（境内）。

"金税四期"查到必罚的几个方面

"金税四期"查到必罚的几个方面。

一、发票不规范

对开、环开发票，说白了，就是在没有真实业务的情况下，我给你开发票，你给我开发票，或再加一个第三方。虽然它们都是闭环抵扣的，没有少交税，但递延了纳税，在行政法上依然会按虚开发票处理。

使用上述方法"避税"的企业一旦被查，不仅企业的进项要转出，开出的发票也要交税，还要面临巨额罚款，得不偿失。

二、账实不符

有些企业为了少交税，把"避税"用到极致。比如，员工工资为7000元，其中的2000元必须拿票来领工资，长此以往，公司费用自然就会出现异常。

三、少交个人所得税

有些企业为了避税，个人所得税长期零申报，员工工资在过去都在3500元以下，现在都在5000元以下，永远跟着个人所得税起征点走。

四、代缴社保

为了少交税,有些企业帮人代缴社保,一方面,企业可以光明正大地做工资抵税;另一方面,代缴社保可以收取手续费。这样做的缺点在于,企业一旦被查,不仅涉嫌偷税,还涉嫌骗保,到时候就不仅仅是罚款那么简单了,严重的还会面临刑事处罚。

合理利用税收优惠政策

合理利用税收优惠政策的具体形式如下几种。

一、有限公司返税政策

有限公司的税收返还（扶持）政策一般是针对总部经济招商模式进行对接的，即公司的办公地点和业务模式不会改变，只要更改公司的注册地址，将企业税收交到税收洼地即可。当地政府会根据企业的纳税情况，阶梯性地进行返税，具体返税力度以各园区的具体政策为依据。

增值税、企业所得税支持的比例为地方留存部分的30%~70%。

通常，如果企业的增值税压力大、业务量大，则可以使用有限公司返税政策。除再生资源、贵重金属、大宗贸易等特殊行业外，所有行业都能享受该政策。

二、成立个人独资企业享受核定征收

个人独资企业核定征收后，不用再为进项发票发愁，不用交纳25%的企业所得税，利润分红不用交税，税收利润分配自由，用两个字概括，就是节税。

个人独资企业的基本要求是：业务真实，保证"三流一致"即合同金额、支付的费用和收据金额等保持一致。一般业务量中等，甲方公司要求公对公开票的，可以考虑成立个人独资企业。

适用行业：服务行业，以高收入个人为主。

三、自然人税务大厅代开

自然人只能代开普通发票。

代理开票，要求业务真实，保证"三流一致"。

一般业务量少，甲方公司对收回的发票没有其他要求的，可以考虑代开。

适用行业：除部分特殊行业外，均可适用，能开具的品目最多。

[案例] 如何从容应对"金税四期"稽查节点

2021年11月,杭州市税务部门经税收大数据分析发现,网络主播黄薇(网名:薇娅)涉嫌偷逃税款,在相关税务机关的协作配合下,依法对其开展了全面深入的税务检查。调查显示,黄薇在2019年至2020年期间,通过隐匿个人收入、虚构业务转换收入性质进行虚假申报等方式偷逃税款6.43亿元,其他少缴税款0.6亿元。在税务调查过程中,黄薇配合并主动补缴税款5亿元,主动报告税务机关尚未掌握的涉税违法行为。

最终,国家税务总局杭州市税务局稽查局依据《中华人民共和国个人所得税法》《中华人民共和国税收征收管理法》《中华人民共和国行政处罚法》等相关法律法规,按照《浙江省税务行政处罚裁量基准》,对黄薇追缴税款、加收滞纳金并处罚款,共计13.41亿元。其中,对隐匿收入偷税但主动补缴的5亿元,主动报告少缴的0.31亿元,处0.6倍罚款计3.19亿元;对隐匿收入偷税但没有主动补缴的0.27亿元,处4倍罚款计1.09亿元;对虚构业务转换收入性质偷税少缴的1.16亿元,处1倍罚款计1.16亿元。

如今,通过税收大数据,配合逐渐试行的"金税四期"税务系统,即使运用再多的"偷税、漏税"手段,效果也不见得好。

在"金税三期"的基础上,"金税四期"补充了很多新内容,除国税、地税数据合并统一外,还增加了对非税业务的监管;税务部门利用网络建立了完备的核查通道,通过与各部门的配合和信息共享,对企业信息进行了全面实时核查;增加了与中国人民银行的关联,实现了对企业账户资金的严格管控；增加了对企业相关人员的信息管控；实现了云端智能化服务，在网上就能完成办税流程。

总的来说，"金税四期"的优点非常明显，如监控范围更全面、服务流程更便捷等，弥补了"金税三期"存在的缺陷。

在"金税四期"出台后，企业采用以下方式避税将会受到重罚。

1. 买发票和对开、环开发票

这是过去很多企业常用的手段。企业自己没有成本票，向其他企业购买发票；没有业务往来的企业之间对开、环开发票，用以抵扣企业所得税。这两种行为都属于虚开发票，都是税务部门严厉打击的不合法行为，一旦被发现，企业轻则要缴纳巨额罚款，严重的还会追究责任人的刑事责任。

2. 用现金收支货款和用现金或个人账户发工资

这也是过去企业惯用的逃税手段。无论是用现金，还是用个人账户，都是为了避免在企业账户上出现过多的流水，以达到避税的最终目的。须知，这种行为已经不单单是避税问题了，已经达到偷税、漏税的高度。"金税四期"新增的管控内容，已经在一定程度上监控到这一点。所以，企业使用这种方式避税，一旦被查出，罚款事小，如果牵涉刑法，就有点得不偿失了。

3. 到处找发票抵税和员工个人所得税零申报

这两种行为在大型企业中比较常见，比如，在发工资时，要求员工用发票来换，什么类型的票都可以，只要能增加企业成本就行。有些公司的员工工资基数一直跟着国家规定的个人所得税起征点走。

今后，这两种行为恐怕就很难实现了。税务部门只要发现企业存在不合理现象，定然会对企业进行全面核查，只要存在猫腻，肯定能查出来。所以，企业最好不要在关键问题上犯糊涂，否则就会后悔莫及。

第七章 「金税四期」企业增值税、企业所得税、个人所得税的涉税处理

在增值税方面，做好销项税和进项税的涉税处理

所谓销项税和进项税，就是增值税的销项和进项税。

销项税额是一般纳税人在销售货物时，向购货方收取的货物增值税额。

在销售货物时，一般纳税人要收两部分钱：一部分是不含税价款；另一部分是销项税额。

一、销项税

《中华人民共和国增值税暂行条例》第四条规定：

除本条例第十一条规定外，纳税人销售货物或提供应税劳务（以下简称销售货物或应税劳务），应纳税额计算公式：应纳税额＝当期销项税额－当期进项税额。

当期销项税额小于当期进项税额不足抵扣时，不足部分可以结转下期继续抵扣。

《中华人民共和国增值税暂行条例》第五条规定：

第七章 "金税四期"企业增值税、企业所得税、个人所得税的涉税处理

纳税人销售货物或应税劳务，按照销售额和本条例第二条规定的税率计算并向购买方收取的增值税额，为销项税额。

《中华人民共和国增值税暂行条例》第六条规定：

销项税额计算公式：销项税额 = 销售额 × 税率

从销项税额的定义和公式中可知，其是由购买方在购买货物、应税劳务、应税行为支付价款时，一并向销售方支付的税额。对于销售方来说，在没有抵扣其进项税额前，销售方收取的销项税额还不是其应纳增值税额。

销项税额的计算取决于销售额和适用税率两个因素。如果适用税率既定，那么销项税额的大小主要取决于销售额的大小。

二、进项税

增值税进项税额是指纳税人购进货物或接受应税劳务，需要支付或负担的增值税额。

进项税额与销项税额相对应：一般纳税人在同一笔业务中，销售方收取的销项税额就是购买方支付的进项税额。在某纳税期间内，纳税人收取的销项税额抵扣其支付的进项税额，余额就是纳税人当期实际交纳的增值税额。

根据增值税暂行条例和实施细则规定，准予从销项税额中抵扣的进项税额限于下列增值税扣税凭证上注明的增值税额。

（1）一般纳税人购进货物或接受应税劳务的进项税额，为从销售方取

得的增值税专用发票上注明的增值税额。

（2）一般纳税人进口货物的进项税额，为从海关取得的完税凭证上注明的增值税额。即一般纳税人在销售进口货物时，可以从销项税额中抵扣的进项税额是从海关取得的完税凭证上注明的增值税额。

（3）一般纳税人向农业生产者购买免税农业产品或向小规模纳税人购买农业产品，可以按照买价和13%的扣除率计算进项税额抵扣。计算公式为：进项税额 = 买价 × 扣除率。

对于销售额的计算，主要分为一般销售方式下的销售额、特殊销售方式下的销售额、按差额确定的销售额等。

三、从销项税和进项税两个方面进行自查

1. 销项税

销项税的自查内容如下：

（1）销售收入是否完整及时入账；

（2）是否存在视同销售行为、没有按规定计提销项税额的情形；

（3）是否存在开具不符合规定的红字发票冲减应税收入的情形；

（4）向购货方收取的各种价外费用是否按规定纳税；

（5）设有两个以上的机构并实行统一核算，将货物从一个机构移送到其他机构用于销售，是否作销售处理；

（6）逾期没有收回的包装物押金是否按规定计提销项税额；

（7）增值税混合销售行为是否依法纳税；

（8）有兼营行为的纳税人，适用不同税率或征收率，是否按规定分别核算适用不同税率或征收率的销售额；

（9）应征收增值税的代购货物、代理进口货物的行为，是否缴纳了增值税；

（10）免税货物是否依法核算；

（11）增值税纳税义务的确认时点是否正确；

（12）是否存在不符合差额征税规定而按照差额征税方法计算增值税的情形；

（13）是否存在没有依法履行扣缴税款义务的情形。

2. 进项税

进项税的自查内容如下：

（1）用于抵扣进项税额的增值税专用发票是否真实合法；

（2）用于抵扣进项税额的运输业发票是否真实合法；

（3）是否存在没有按规定开具农产品收购统一发票申报抵扣进项税额的情形；

（4）用于抵扣进项税额的海关进口增值税专用缴款书是否真实合法；

（5）发生退货或取得销售折让是否按规定作进项税额转出；

（6）从供货方取得的与商品销售量、销售额挂钩的各种返还收入是否冲减当期的进项税额；

（7）用于简易计税方法、免征增值税项目集体福利或个人消费的购进业务。

（资料来源于国家税务总局，内容有删减）

在企业所得税方面,做好应税收入和成本项目的涉税处理

对于企业所得税,需要从应税收入和成本项目入手检查。

一、应税收入

应税收入涉及的问题主要有:

(1)企业取得的各类收入是否按权责发生制原则确认收入;

(2)是否存在利用往来账户、中间科目等延迟实现应税收入或调整企业利润的情形;

(3)取得非货币性资产收益是否计入应纳税所得额;

(4)是否存在视同销售行为未做纳税调整的情形;

(5)是否存在税收减免、政府奖励未按规定计入应纳税所得额的情形;

(6)是否存在接受捐赠的货币及非货币资产未计入应纳税所得额的情形;

(7)是否存在将取得的应税投资收益计入应纳税所得额的情形;

(8)企业资产评估增值是否计入应纳税所得额;

(9)持有上市公司的非流通股份(限售股),在解禁之后出售股份取

得的收入是否计入应纳税所得额。

二、成本项目

成本项目涉及的问题主要有：

（1）是否存在虚开发票或虚列人工费的情形；

（2）使用不符合税法规定的发票及凭证；

（3）是否存在不予列支的"返利"行为；

（4）是否存在不予列支的应由其他纳税人负担的费用；

（5）是否存在将资本性支出一次计入成本费用的情形；

（6）企业发生的工资和薪金支出是否符合税法规定；

（7）是否存在计提的员工福利费、工会经费和员工教育经费超过计税标准的情形；

（8）是否存在超标准列支业务招待费、广告费和业务宣传费的情形；

（9）是否存在超标准、超范围为员工支付社会保险费和住房公积金的情形；

（10）是否存在擅自改变成本计价方法，调节利润的情形；

（11）是否存在未按税法规定年限计提折旧的情形；

（12）是否存在擅自扩大研究开发费用的列支范围，违规加计扣除等问题；

（13）是否存在扣除不符合国务院财政、税务部门规定的各项资产减值准备、风险准备金等支出；

（14）是否存在税前扣除利息不合规的问题；

（15）是否存在损失处理不合规的问题。

（资料来源于国家税务总局，内容有删减）

在个人所得税方面，做好社保和个体工商户个人所得税减半征收的涉税处理

在个人所得税方面，企业主要存在如下涉税问题：

（1）是否漏代扣代缴个人所得税；

（2）为员工发放的年金和绩效奖金；

（3）为员工购买的各种商业保险；

（4）超标准为员工支付的养老、失业和医疗保险；

（5）超标准为员工缴存的住房公积金；

（6）履行扣缴义务，用报销发票形式，向员工支付的各种个人收入；

（7）交通补贴、通信补贴；

（8）为员工个人所有的房产支付的暖气费和物业费；

（9）股票期权收入；

（10）以非货币形式发放的个人收入是否扣缴个人所得税；

（11）企业为股东个人购买的房产、汽车等个人财产，是否按股息分配扣缴个人所得税；

（12）赠送给其他单位个人的礼品、礼金等是否按规定代扣代缴个人所得税。

（资料来源于国家税务总局，内容有删减）

【案例】增值税、企业所得税、个人所得税的案例分析与计算

增值税

2021年年初,石家庄市公安局成功破获全国首起虚开增值税电子专用发票案,抓获犯罪嫌疑人4名,涉案价税为897万元。

涉案主体为石家庄某建材有限公司,在没有真实交易的情况下,于2020年12月22~23日,为三家公司虚开增值税电子专用发票,共计44份,金额多达400多万元,税额达52万元。

2020年12月23日,税务机关在接到金税三期税务系统预警信息核查任务后,立刻对该公司进行全方位核查。

可以发现,税务机关、公安机关对虚开电子专用发票案件的破案时间更短、效率更高,只用一个月就破了案。这背后离不开大数据的功劳,由于电子化的证据更便于取得,所以税务机关、公安机关可以更快、更高效地破案。

企业所得税

企业所得税应纳税所得额有两种计算方法:一是直接计算法;二是间接计算法。

1. 直接计算法

具体公式如下:

应纳税所得额 = 收入总额 - 不征税收入 - 免税收入 - 各项扣除金额 -

弥补亏损

2.间接计算法

具体公式如下：

应纳税所得额=利润总额±纳税调整项目金额

举一个例子：

某企业为居民企业，2021年发生经营业务如下：

（1）取得产品销售收入4000万元；

（2）发生产品销售成本2600万元；

（3）发生销售费用770万元（其中广告费650万元），管理费用480万元（其中业务招待费25万元），财务费用60万元；

（4）销售税金160万元（含增值税120万元）；

（5）营业外收入80万元，营业外支出50万元（含通过公益性社会团体向贫困山区捐款30万元，支付税收滞纳金6万元）；

（6）计入成本、费用中的实发工资总额200万元，拨缴员工工会经费5万元，发生员工福利费31万元，发生员工教育经费7万元。

要求：计算该企业2021年度实际应纳的企业所得税。

（1）会计利润总额为：4000+80-2600-770-480-60-40-50=80（万元）；

（2）广告费和业务宣传费调增所得额为：650-4000×15%=650-600=50（万元）；

（3）业务招待费调增所得额为：25-25×60%=25-15=10（万元）；

（4）捐赠支出调增所得额为：30-80×12%=20.4（万元）；

（5）税收滞纳金全部调增所得额为 6 万元；

（6）工会经费调增所得额为：5–200×2%=1（万元）；

（7）员工福利费调增所得额为：31–200×14%=3（万元）；

（8）员工教育经费应调增所得额为：7–200×2.5%=2（万元）；

（9）应纳税所得额为：80+50+10+20.4+6+1+3+2=172.4（万元）；

（10）2021 年应纳企业所得税为：172.4×25%=43.1（万元）。

个人所得税

具体公式如下：

个人所得税 = 税前收入 –5000 元（起征点）– 专项扣除（三险一金等）– 专项附加扣除 – 依法确定的其他扣除

举一个例子：

2021 年 1 月，老李应发工资为 8000 元，需要缴纳各项社会保险金 1000 元，在没有专项附加扣除的前提下，他需交多少税，实发工资是多少？

（1）全月应纳税所得额 = 税前收入 –5000 元（起征点）– 专项扣除（三险一金等）– 专项附加扣除 – 依法确定的其他扣除。通过计算，应纳税所得额为 2000 元，适用税率为 3%，速算扣除数为 0。

（2）应交税款 = 全月应纳税所得额 × 税率 – 速算扣除数 =2000×3%–0=60（元）。

（3）实发工资 = 应发工资 – 各类保险 – 应交税款 =8000–1000–60=6940（元）。

个人所得税缴费税率（速算扣除数）如表 7–1 所示：

表7-1 个人所得税缴费税率

全月应纳税所得额	税率	速算扣除数（元）
没有超过3000元	3%	0
3000~12000元	10%	210
12000元~25000元	20%	1410
25000~35000元	25%	2660
35000~55000元	30%	4410
55000元~80000元	35%	7160
超过80000元	45%	15160

第八章 "金四"来临,企业需采取必要的纳税风险防范措施

老板财税思维——如何搞定老板的财税痛点

要杜绝私户转账现象

企业中存在私户转账的现象,不要沾沾自喜,要尽快杜绝。

在处理账务的过程中,企业要做到规范和准确,要将公账和私账区分开来,公账只能用于企业经营。

正常申报纳税,法律风险相对可控,企业应当结合自身的实际情况,逐步提高合规程度。如果公账与私账收付款无法避免,就要降低违规操作。为了规避风险,可以聘请法律顾问咨询评估风险,有效应对;也可以聘请税务专业团队,进行架构的调整和筹划,制定合法合规的节税方案。

随着"金税四期"的重磅上线,公户转私、私户避税问题将被严查。如今,"金税四期"已经实现了大数据化,企业信息更加透明,企业和银行等多个部门建立联合机制,联合监控企业运作。一旦发现企业存在账务问题,有关部门就会相互配合调出数据,进行最终的核查稽查和行政处罚。

私户转账确实可以在一定程度上方便企业放款,接受转账方也能快速收款和减少税负。但私户转账利弊并存,且弊大于利。

1. 体现在增值税方面

通过私户转账，一般无法开具增值税专用发票，企业无法抵扣进项税额，公司的增值税应纳税额会变相增加，最终只能造成企业税负的加重。

2. 私户转账容易导致漏税风险

交易资金流不清晰，不记录在账，很容易产生税务申报问题，引发偷税、漏税风险。

3. 不利于企业规范发展

公私不分，时间长了，会造成账目混乱，不利于企业的财务合规。

基于私户转账存在的各种风险，为了避免企业通过私户转账隐匿部分收入，或大额收款却不开票，或反过来给客户多开票等乱象，就要加强数据审查力度。

（1）收集企业申报的数据，对数据是否异常进行核实。

（2）通过关联查证，查证企业银行账户、企业相关人员的银行账户、上下游企业相关账本数据，然后进行对比，找出问题所在。

（3）将企业数据与同行收入、成本、利润等进行稽查对比，找出差距巨大、名实不符的异常情况。

近几年，各地金融机构与税务部门、反洗钱机构、公安部门的合作力度逐渐加大，若私户转账太过频繁，那么其资金交易将面临更严格的监控。但是，并不是所有的私户转账都会受到稽查的。

一、允许"公转私"

虽然我们不提倡"私对私"，但是只要符合实际业务的情况，也可以通过对公账户向私人账户转账，具体情形如表8-1所示：

表8-1 允许"公转私"的情形

具体情形	说明
给员工发放工资	虽然我们不提倡"私对私"转账，但是可以通过"公对私"进行转账。规模小的公司，可以使用对公账户，在工资发放日，由财务逐笔将工资转发到员工个人账户上；规模大的公司，可以采取银行代发形式，由银行在固定日期将工资按照员工清单转发到员工个人账户上
差旅费可以使用私人账户收款	员工在预支差旅费或报销差旅费时，可以通过"公对私"的形式将费用转发到员工个人账户上。期间，员工要留存证明差旅费真实性的相关材料，包括出差人员姓名、时间、地点、出差目的、支付凭证等
股东利润分配	比如，某公司将账户上的50万元转让给股东个人，这50万元就是交完20%股息红利个人所得税后的分红所得
劳务报酬所得	如今，我国灵活用工的形式愈发火热，许多企业采取"劳务报酬"的形式给员工支付工资。比如，某企业给个人发放20万元劳务报酬，就是通过对公账户向私人账户转账的。这20万元就是交完劳务报酬所得个税后的报酬
向自然人采购	企业可以向个人采购货物等物资，向个人采购时，具体款项可以转账给私人账户。但是，采这种用模式，需要个人去税务局代开发票，如此在进行财务处理时，才能在税前扣除采购款的成本，达到节税的目的

二、哪些行业更易遭到稽查

利用私户转账隐匿公司收入、少交税款，一旦被查，补缴税款事小，还要缴纳大量的滞纳金和税务行政罚款，如果构成犯罪，则还要承担刑事责任。但是，现在依然有很多公司铤而走险、以身试法。

仔细梳理就可以发现，企业规模越大，利用私户转账的情况越少。利用私户转账的企业大都是批发零售、房地产销售、建筑、汽车销售企业。此类企业或规模小但流水巨大，给了私户转账空间；或向自然人采购、分批转入集中转出,适应了私户转账的特点,是私户转账偷税、漏税的高发区。

三、哪些转账方式会被重点监控

会被重点监控的转账方式主要有:

(1) 任何账户的现金交易,当日单笔或累计超过 5 万元;

(2) 公对公转账,超过 200 万元;

(3) 私户转账超过 20 万元(境外)或 50 万元(境内);

(4) 企业规模很小,但流水不错;

(5) 资金转入转出出现异常,比如,分批转入集中转出,或集中转入分批转出;

(6) 经营范围或经营业务跟资金流向没有关系;

(7) 公户短期频繁且大额地给个人转账,或公户短期经常收到与业务没有任何关系的个人汇款;

(8) 频繁开销户,且在销户前有大量的资金活动;

(9) 突然启动了闲置很久的账户,且有大量的资金活动。

老板财税思维——如何搞定老板的财税痛点

不可通过借款来减少账面利润以躲避债务

为了减少账面利润,千万不能再通过借款来躲避债务了,否则就是偷税、漏税行为。如果股东确实有合理、合法、合规的需求向企业借款,那么,在借款之前要召开股东会议,写好借款协议,注明资金的来龙去脉,表明何时归还。

避税不等于逃税,并不违法!

为了合理避税,不仅可以转让定价,还可以将税收优惠政策充分利用起来,设置适合避税的企业结构。例如,针对国际避税区或低税区、特区或经济开发区及其税收优惠政策,为了规避偷税和漏税等问题,可以采取以下方式。

1. 虚设常设经营机构

企业可以利用特区或经济开发区的各项优惠政策,名义上将企业开设在特区或经济开发区,实际业务活动则不要或不主要在区内进行。

企业只要在非特区获得的经营收入或业务收入,就能享受到特区或经济开发区的税收减免照顾,利润所得就能向境内企业总部转移,减少纳税。

2.虚设信托财产

虚设信托财产，委托人就能按照自己的意愿行事，将委托人与信托财产分离，但信托财产的经营归属国际低税区、特区或经济开发区的企业名下，就能合理逃避纳税义务。同时，为了避税，还要认真研究税收规定，合理安排企业的经营方式和财务。

（1）当某大宗交易处在两个纳税年度交叉点时（年末与年初），可以根据权责发生制的会计处理原则，适当推迟交易发生日，使之尽可能发生在下一年度，将部分所得税推迟一年缴纳。

（2）根据我国税法规定，企业发生年度亏损，可以用下一年度的所得税进行弥补。如果下一年度的所得税不够，则可以逐年延续弥补，但最长不能超过5年。在现实中，企业还可以收购亏损企业，将企业利润转移到亏损企业中，避开纳税企业缴纳所得税的义务。

（3）针对不同的纳税对象，可以采用不同的避税方式。企业老板要对有关征纳活动的经济现象进行研究，或征询税务专家的意见，找到不会触及法律的方式和途径；要对法律知识进行研究，充分利用税收优惠，掌握各种方法，并在实践中参与、运用和提高。合理安排组织结构、经营方式和结构，就能最大限度地避税，在合法的范围内为企业谋取最大利益。

老板财税思维——如何搞定老板的财税痛点

杜绝不合规发票入账

很多企业老板简单地认为增值税专用发票可以抵扣税款,他们也是这样执行的。其实,虚开增值税发票非常不妥,一旦被税务稽查,就要遭受较大的处罚。

虚开普通发票(包括让他人为自己虚开增值税普通发票)的后果有:虚开增值税普通发票100份或金额40万元以上,达到"重大税收违法失信案件"的标准,纳税信用等级会被评为D级,遭受刑事处罚。如果情节严重,则还会被立案追诉,依法追究刑事责任。

在小规模纳税人享受免征增值税的额度扩大后,有些企业会给需要费用发票的企业开具增值税普通发票,同时收取部分手续费;个人发生了费用,有些企业会让他们开具增值税普通发票,充当公司费用;此外,还有会议费发票,企业并没有召开会议,虚构发生会议,开具招待费等普通发票。这些虚开增值税普通发票的情形也是税务机关稽查的重点。

《中华人民共和国发票管理办法》规定,只要违反规定虚开发票,税务机关就会将违法所得没收;虚开金额不超过1万元,处5万元以下的罚款;虚开金额超过1万元,罚款5万~50万元;构成犯罪的,还要依法追究刑事责任。

对于企业老板来说，企业税负重，又想赚钱，可以理解，但绝不允许有偷税、漏税等违法行为，需要找到找合理、合法的节税途径。

一、虚开增值税专用发票需承担的后果

虚开增值税专用发票需承担的后果主要有：

（1）企业虚开增值税专用发票，或虚开用于骗取出口退税、抵扣税款的其他发票，处三年以下有期徒刑或拘役，并处2万~20万元罚金；

（2）虚开的税款数额较大或有其他严重情节的，处3~10年有期徒刑，并处5万~50万元罚金；

（3）虚开的税款数额巨大或有其他严重情节的，处10年以上有期徒刑或无期徒刑，并处5万~50万元罚金或没收财产；

（4）企业只要违反了本条规定，判处罚金，对直接负责人处三年以下有期徒刑或拘役。

二、企业虚开增值税发票的注意事项

企业虚开增值税发票要注意以下事项：

（1）不要为他人虚开增值税发票。企业要强化内控，建立适合自己的规章制度，对各部门需要开票的人员进行严格约束，不能让他们为了眼前利益而忽视涉票风险。要想远离涉票风险，需要各部门相互配合。

（2）不能为了多抵税，恶意降低税负，非法获得跟自己的经济业务不符的增值税专用发票。为了合理避税，企业要通过合法的途径进行税务筹划。

（3）取得合法、正规的发票，坚决杜绝不合规发票入账。

老板财税思维——如何搞定老板的财税痛点

不可做假账

企业老板之所以要做假账，通常都是为了避税。节税方法有千万种，这是最危险的一种。

在现实中，财务造假的现象确实很严重，包括上市公司也总会出现财务造假的丑闻。在这里需要强调的是，财务造假不等于财务人员造假，财务人员被贴上财务造假的标签也很委屈，因为在多数情况下他们是被老板逼迫的，任何财务人员都不愿意承担一定的法律风险去造假。

1.不要让财务人员通过做假账的方式偷逃税款

例如，虚开增值税专用发票、故意隐瞒收入多列支出、购买增值税进项税发票等行为，属于故意偷逃税款。按照征管法的规定，不仅要对企业追缴税款、罚款、滞纳金，还要对直接责任人追究刑事责任。财务人员参与其中，一经发现，其职业生涯和人生也就毁了。企业老板逼迫财务人员做此类假账，等于变相逼迫财务人员离开。

2.不要让财务人员通过做假账的方式延期交税

例如，企业在某个时间段资金紧张，不想申请延期交税，就延期开具增值税发票，将当期的收入列入下期；或者让供应商提前开具增值税专用发票（真实业务），增加当期的进项税，采用当期的成本费用的方式，少交增值税或企业所得税。很多企业采取的都是这种方式，简而言之，就是均衡税负和利润，即调剂税款。

3.不要让财务人员通过做假账的方式吸引投资

即使为了融资，向银行等金融机构借款，或吸引投资者投资，也不要让财务人员做假账。这种假账存在很大的风险，财务人员不得为之。在投资某个项目前，投资者通常会聘请第三方机构对企业的财务状况和经营成果进行评估审计，财务人员做的假账，很快就会被第三方机构识破。一旦投资者对企业失去了信任，结果可想而知。

老板财税思维——如何搞定老板的财税痛点

实事求是，合法合规经营

为了在最短的时间内成功上市，有些企业会虚增收入和利润。

虚增收入的目的是以假乱真，自然就会伴随发票虚开，公司也会面临严重的税务风险。因此，企业要实事求是，合法合规地实现良性经营。那么，企业虚增收入违法吗？究竟会对企业造成哪些影响？

一、企业虚增收入是否违法

企业虚增收入，构成虚报注册资本罪的，处三年以下有期徒刑。

企业虚增收入，会给投资者传递企业业绩向好的虚假信息，抬高企业股价，给企业带来不法收益。

《中华人民共和国刑法》第十八条规定：

申请公司登记使用虚假证明文件或采取其他欺诈手段虚报注册资本，欺骗公司登记主管部门，取得公司登记，虚报注册资本数额巨大、后果严重或有其他严重情节的，处三年以下有期徒刑或拘役，并处或单处虚报注册资本金额1%～5%的罚金。单位犯前款罪的，对单位判处罚金，并对其直接负责的主管人员和其他直接责任人员，处三年以下有期徒刑或拘役。

二、虚增收入的方法

虚增收入的方法有很多，但是企业老板不要轻易碰触，在这里列举几种。

1. 虚构业务事项，虚增收入规模

为了完成上级下达的收入考核指标，有些企业会采取售后退货不冲减收入的方式虚构销售业务、虚增营业收入，甚至采取先出售再回购的方式，以达到买卖双方虚增营业收入、虚增营业成本的目的。

2. 利用补助和补贴，虚增利润规模

为了完成上级下达的收入、利润刚性增长指标，有些企业会采取非常规手段，迎合考核要求，完成绩效任务。在这些非常规手段中，收到各类补助和补贴资金，对利润增长的影响最为直接。

对于企业来说，一种方式是将过去年度形成的利润结余，以补助的名义，在考核年度结转为当期利润；另一种方式是争取政府补贴资金，一次性或分期结转为当期利润。

3. 操纵合并范围，虚增企业规模

企业往往都是通过生产和销售来取得合法收入的，并将资金用于提高生产能力，形成资产积累和规模扩大，促使企业由小到大、由弱变强。有些企业则会采取对外投资的方式，控制其他企业，扩大合并报表编制范围，实现企业各项指标和规模的快速扩张。

老板财税思维——如何搞定老板的财税痛点

做好存货管理

"金税四期"在税务方面还会纳入"非税"业务,实现对业务的全面监控。税务总局掌握着更多的企业数据,监控呈现全方位、立体化的特点,企业要想在税务上动"歪脑筋",就更加行不通了。

在"金税四期"上线后,企业库存会进一步透明化,企业进多少货、出多少货、剩多少货,可能比老板自己还清楚。如果库存账实不一致,那么企业一定要引起重视,及时查找原因。

为了避免库存账实不一致,企业要做好存货管理,统计好进销存,定期盘点库存,完善账实差异分析表。

否则,一旦被税务稽查发现猫腻,就会引发大问题。

务必按照规章制度办理社保

过去，只要存在试用期不交社保、代别人挂靠社保、未足额或未缴纳社保、员工自愿放弃社保企业就不缴纳、不签合同就不交社保、档案未转就不交社保等现象，员工一告一个准儿。现在，社保入税对社保的监管越来越严，企业不要存在侥幸心理，一定要按照规章制度来为员工办理社保。

从 2020 年 11 月 1 日开始，全国实现了社保入税，这就告诉我们，对企业社保的征收目标就是低费率、严征管。如今各部门已经实现大数据联网，企业的任何举动都被纳入稽查系统，随着"金税四期"的上线，将全面遏制企业的社保违规行为。

1. 没在用工之日起 30 天内为员工办理参保登记

《中华人民共和国社会保险法》规定：

用人单位没有按时足额缴纳社会保险费的，将承担行政责任；同时，劳动者也有权解除劳动合同，并要求支付赔偿。

2. 自变更或终止之日起 30 天，没有办理社会保险变更或注销登记

《中华人民共和国社会保险法》规定：

用人单位的社会保险登记事项发生变更或用人单位依法终止的，应当自变更或终止之日起 30 日内，到社会保险经办机构办理变更或注销登记；否则，将面临罚款。

3. 不按实际员工人数缴纳社保

不按实际员工人数缴纳社保的具体表现为不给试用期员工交社保、劝员工自动放弃社保、不签劳动合同就不交社保等，这些都属于违法行为。

《中华人民共和国社会保险法》和《中华人民共和国劳动法》很好地保障了员工的合法权益，即使在试用期，也要给员工缴纳社保。而员工"自愿"放弃社保，或企业与员工达成协议，以支付现金方式取代缴纳社保，都是违反法律规定的。只要发生了劳动社保纠纷，企业就不能免除责任。

4. 长时间按照社会平均工资最低基数缴纳社保

社保缴费基数不仅要按照员工上一年所有工资性收入所得的月平均额来确定，还要与社会平均工资进行对比。也就是说，在确定社保缴费基数时，需要参考以下几个关键指标区间：

员工上一年月平均工资低于当地上一年社会平均工资的 60%，按社会平均工资的 60% 为基数。

员工上一年月平均工资高于当地上一年社会平均的工资300%，按社会平均工资的300%为基数。

员工上一年月平均工资在社会平均工资的60%～300%之间，按员工上一年月平均工资为基数。

（注：各地存在差异，具体咨询当地有关部门。）

实际上，很多企业在为员工缴纳社保时，会直接按照最低缴费基数缴纳。不过，在社保入税后，随着"金税四期"的推行，税务机关可以很容易地对工资发放数、个税申报基数、企业所得税申报的"工资薪金"进行三方数据对比。

企业长期按照最低缴费基数缴纳或不给员工上全险，造成差异或异常，很容易引起税务稽查风险。这时候，税务机关很可能会要求被稽查企业就未足额缴纳的部分进行补缴，并加收滞纳金。未按照规定缴纳社保，公司负责人可能会被列入黑名单，影响未来的出行。

5.只按照岗位工资缴纳社保，未照顾到奖金和绩效等

社保的缴费基数是所有的工资薪金收入总额，《关于规范社会保险缴费基数有关问题的通知》（劳社险中心函〔2006〕60号）规定，以下17项不作为社保缴费基数，在计算时要予以剔除：

（1）根据国务院发布的有关规定发放的创造发明奖、国家星火奖、自然科学奖、科学技术进步奖、支付的合理化建议和技术改进奖以及支付给运动员在重大体育比赛中的重奖。

（2）有关劳动保险和员工福利方面的费用。员工保险福利费用包括医疗卫生费、员工死亡丧葬费及抚恤费、员工生活困难补助、文体宣传费、集体福利事业设施费和集体福利事业补贴、探亲路费、计划生育补贴、冬季取暖补贴、防暑降温费、婴幼儿补贴（托儿补助）、独生子女牛奶补贴、独生子女费、"六一"儿童节给员工的独生子女补贴、工作服洗补费、献血员营养补助及其他保险福利费。

（3）劳动保护的各种支出。包括工作服、手套等劳动保护用品，解毒剂、清凉饮料，以及按照国务院1963年7月19日劳动部等七单位规定的范围对接触有毒物质、矽尘作业、放射线作业、潜水和沉箱作业、高温作业等五类工种所享受的由劳动保护费开支的保健食品待遇。

（4）有关离休、退休、退职人员待遇的各项支出。

（5）支付给外单位人员的稿费、讲课费及其他专门工作报酬。

（6）出差补助、误餐补助。指员工出差应购卧铺票实际改乘座席的减价提成归己部分；因实行住宿费包干，实际支出费用低于标准的差价归己部分。

（7）对自带工具、牲畜来企业工作的从业人员所支付的工具、牲畜等的补偿费用。

（8）实行租赁经营单位的承租人的风险性补偿收入。

（9）员工集资入股或购买企业债券后发给员工的股息分红、债券利息以及员工个人技术投入后的税前收益分配。

（10）劳动合同制员工解除劳动合同时由企业支付的医疗补助费、生活补助费以及一次性支付给员工的经济补偿金。

（11）劳务派遣单位收取用工单位支付的人员工资以外的手续费和管

理费。

（12）支付给家庭工人的加工费和按加工订货办法支付给承包单位的发包费用。

（13）支付给参加企业劳动的在校学生的补贴。

（14）调动工作的旅费和安家费中净结余的现金。

（15）由单位缴纳的各项社会保险、住房公积金。

（16）支付给从保安公司招用的人员的补贴。

（17）按照国家政策为员工建立的企业年金和补充医疗保险，其中单位按政策规定比例缴纳部分。

6. 挂靠/代缴社保

企业少交税款，帮人挂靠、代缴社保，这样做的目的主要有两个：

（1）在表面上，企业可以合理地将被代缴人作为企业员工，编制工资列支、企业成本费用支出，抵所得税（代缴社保人的工资一般采用现金形式平账）；

（2）虽然代缴社保行为存在一定的风险，但可以从中收取一定的手续费。

提醒：企业一旦被查，不仅涉嫌偷税，还涉嫌骗保。帮非员工挂靠或代缴社保是国家明确不被允许的行为，属于违法行为，一旦被发现，就不仅仅是罚款那么简单了，严重的还会面临刑事处罚。自2022年3月18日起，《社会保险基金行政监督办法》正式施行，其中第三十二条规定，用人单位、个人有下列行为之一，以欺诈、伪造证明材料或者其他手段骗取社会保险待遇的，按照《中华人民共和国社会保险法》第八十八条的规定处理，其中就包括：通过虚构个人信息、劳动关系，使用伪造、变造或者盗用他人可用于证明身份的证件，提供虚假证明材料等手段虚构社会保险参保条件、违规补缴，骗取社会保险待遇。

[案例] 纳税"零申报"对企业信用等级的影响

某企业是一家新成立的增值税一般纳税人，2018年1月增值税应税销售额120万元（没有开票收入），销项税额20万元，当期取得增值税进项发票15份，进项税额20万元，没有认证。最近，公司会计打电话到办税服务厅咨询是否可以因当期未认证增值税进项发票而进行零申报。

纳税人违规进行零申报，不仅要补缴当期税款，还要加收滞纳金，并处罚款。正确做法是：企业要将当期收入100万元填入未开票收入中，按规定缴纳当期税款。

纳税"零申报"对企业信用等级的影响有如下几点。

1. 影响信用等级

《国家税务总局关于明确纳税信用管理若干业务口径的公告》（国家税务总局公告2015年第85号）规定：

非正常原因一个评价年度内增值税或营业税连续3个月或累计6个月零申报、负申报的，不能评为A级。

《国家税务总局关于明确纳税信用管理若干业务口径的公告》（国家税务总局公告2015年第85号）规定：

老板财税思维——如何搞定老板的财税痛点

提供虚假申报材料享受税收优惠政策的,以该情形在税务管理系统中的记录日期确定判 D 级的年度,同时按照《信用管理办法》第二十五条规定调整其以前年度信用记录。

《国家税务总局关于发布〈纳税信用管理办法(试行)〉的公告》(国家税务总局公告 2014 年第 40 号)第二十条规定:

有下列情形之一的纳税人,本评价年度直接判为 D 级,第六条指的就是"提供虚假申报材料享受税收优惠政策的"。

2. 如果当期有收入及应纳税款却办理零申报,属于偷税,需要承担相应的法律责任

《中华人民共和国税收征收管理法》第六十四条规定:

纳税人、扣缴义务人编造虚假计税依据,由税务机关责令限期改正,并处 5 万元以下的罚款。

《国家税务总局关于修订〈重大税收违法案件信息公布办法(试行)〉的公告》(国家税务总局公告 2016 年第 24 号)第十二条规定:

按照本办法公布的纳税人,除判定为 D 级外,还会:

(1)对欠缴查补税款的纳税人或其法定代表人在出境前没有按照规定结清应纳税款、滞纳金或提供纳税担保的,税务机关可以依据《中华人民

共和国税收征收管理法》的相关规定，通知出入境管理机关限制其出境。

（2）税务机关会将当事人信息提供给参与实施联合惩戒的相关部门，由相关部门依法对当事人采取联合惩戒和管理措施。

第九章 企业财税管控工具包：财、税、账、钱、管五大系统

老板财税思维——如何搞定老板的财税痛点

财务战略支撑系统工具

一、STAR

招聘面试是老板的一项重要工作内容，优秀的老板一般都具备高超的招聘面试技巧，能够将合适的人安排在合适的岗位上，创造岗位高绩效。

STAR 是 Situation（背景）、Task（任务）、Action（行动）和 Result（结果）4 个英文单词的首字母组合。在对应聘人员进行面试时，完全可以试试 STAR 原则。

STAR 原则是面试过程中涉及实质性内容的谈话程序，要想提高面试效果，就要遵循这个程序。

在与应聘人员交谈时，首先要了解应聘人员过去的工作背景，即所谓的背景调查；其次要了解对方具体的工作任务有哪些、每项工作任务都是怎么做的、都采取了哪些行动、行动结果如何。

通过以上步骤，基本上就可以控制整个面试的过程，招聘到合适的人才。

SATR 原则是企业老板招聘面试的一个好工具，里面包含大量的技巧，在招聘工作中，企业老板要不断摸索，提高招聘能力。

二、6W1H

职责清晰是管理工作的基本准则,所有的管理都是从管理职位开始的。但是,在实际管理中,职责不清、权责不明等现象依然大量存在。作为企业老板,必须对这个问题做更深入的思考,并有效地解决,使员工都能明确自己的职责。

要想让员工的岗位说明书更加准确、职责更加清晰,就需要懂得6W1H原则。

(1)Who:工作的责任者是谁?

(2)For whom:工作的服务和汇报对象是谁?

(3)Why:为什么要做该项工作?

(4)What:工作是什么?

(5)Where:工作的地点在哪里?

(6)When:工作的时间期限是多久?

(7)How:完成工作所使用的方法和程序是什么?

只有对上述问题逐一做出回答,员工才能更加了解工作内容,才愿意主动承担责任。

三、SMART

实施目标管理,不仅有利于高效地工作,有利于绩效考核目标和标准的制定,使考核更加科学化、规范化,更能保证考核的公开、公平与公正。

制定目标看起来似乎很简单,但如果上升到技术层面,就要学习并掌握SMART原则。

(1)Specific:目标必须是具体的。

（2）Measurable：目标必须是可以衡量的。

（3）Attainable：目标必须是可以达到的。

（4）Relevant：目标必须和其他目标具有相关性。

（5）Time-based：目标必须具有明确的截止期限。

无论是制定团队的工作目标，还是制定员工的绩效目标，都必须遵循上述5项原则，缺一不可。

从某种意义上来说，制定目标的过程也是企业老板能力不断增长的过程。企业老板必须和员工一起制定高绩效目标，共同提高绩效能力。

四、PDCA

所谓PDCA，就是Plan（计划）、Do（实施）、Check（检查）、Adjustment（调整）4个英文单词的首字母组合。

无论哪项工作都离不开PDCA循环，每项工作都需要经过制订计划、执行计划、检查计划、对计划进行调整并不断改善4个阶段。

对于企业老板来说，这是一个有效控制管理过程和工作质量的工具。采用PDCA，可以使管理向良性循环的方向发展。实施并熟练运用PDCA，企业老板就能不断地提高工作效率，有效驾驭企业运作。

五、MKASH

所谓MKASH，就是Motivation（动机）、Knowledge（知识）、Skill（技能）、Action（行动）、Habit（习惯）5个英文单词的首字母组合。

1.Motivation（动机）

积极的动机对成功有着巨大的激励作用，企业老板要不断调整自己的心态，以积极的动机面对工作和挑战，不断激励与超越自我，在积极动机的引领下去制定企业目标和发展愿景。

2.Knowledge（知识）

职业化必须以专业化为基础和背景。无论做什么工作，首先要具备相应的专业知识，其次要具备与其相关的其他知识，形成完整的知识体系，助力工作的开展和拓展。

3.Skill（技能）

技能是企业老板开展工作的必要手段，只掌握知识，缺少技能，会让你寸步难行。忽视了沟通技能，就无法与人沟通，更无法开展工作；缺少人际交往技能，就无法跟下属建立和谐的人际关系。因此，企业老板要将技能提高到与知识同等的高度，持续地将知识转化为能力。

4.Action（行动）

优秀的企业老板一般都具备快速行动的能力和强劲的执行力。有的老板能力很强，学历很高，知识水平很高，却无法取得出色的业绩，原因就在于欠缺行动能力。要想成为职业化的人才，就要改掉瞻前顾后、拖拖拉拉的办事作风，围绕企业目标采取行动，用行动来证明一切，不断提高自己的执行力。

5.Habit（习惯）

习惯决定命运，这句话一点都不夸张。良好的习惯可以给他人留下深刻的印象，在很大程度上帮助你成功。企业老板必须具备良好的习惯，无论是生活还是工作，都要注意培养职业化的行为习惯，将自己的风采展现出来。

六、财务岗位分工与设置制度

按照业务需要，企业可以设立财务主管（财务总监）、助理会计（财务经理）、会计、出纳等职位。

1.财务主管的岗位职责

(1)主持公司财务预决算、财务核算、会计监督、财务管理;

(2)组织、协调、指导财务部的日常管理工作。

2.助理会计的岗位职责

(1)严格按照公司财务制度的规定编制有关凭证,及时完成记账凭证的编制;

(2)及时、准确地逐笔登记明细账和总账;

(3)负责账务工作,每月都要对总账和明细账进行有效地检查;

(4)按照审计的科目汇总表登记总账,对账,及时、准确地编制会计报表;

(5)及时整理或装订会计凭证并存档,对会计资料进行有效管理;

(6)准确、及时地进行各项相关的税务核算和纳税工作;

(7)在月初5个工作日内,准确编制上个月的工资表;

(8)编制费用报表,严格控制成本;

(9)对往来账款进行细目和分类处理,月末准备应付账款;

(10)负责往来账的会计对账,每月检查一次,发现问题,向领导汇报。

3.会计的岗位职责

(1)对现金支票进行有效管理;

(2)严格按照公司财务制度的规定进行付款,并准备有关凭证;

(3)及时、准确地逐笔登记明细账,定期递交各种完整的原始凭证;

(4)做到日清月结,存货余额符合管理制度的规定;

(5)每周编制现金收支表;

（6）完成发薪工作；

（7）完成上级主管指派的其他工作。

4. 出纳的岗位职责

（1）银行账户的管理、支票和发票的转移；

（2）及时与银行对账，熟悉网上银行的操作；

（3）完成上级主管指派的其他工作。

税系统工具

一、发票开具申请单

发票开具申请单如表 9-1 所示：

表9-1　发票开具申请单

发票性质　　　□增值税专用发票　　　□普通发票

申请单位全称		纳税人识别号	
地址和电话		开户银行及账号	
开具日期			
商品名称	订单号	单位	重量	单价	金额
金额合计：					

二、合同会审单

合同会审单如表 9-2 所示：

表9-2　合同会审单

提报单位		日期	
欠款人		欠款日期	
起诉标的		案件负责人	
诉讼理由			
分/子公司总经理意见		分管副总经理意见	

续表

主管经理意见	综合部意见

三、纳税评估自测表

纳税评估自测表如表9-3所示：

表9-3 纳税评估自测表

项目\期间	2022年度											
	1月	2月	3月	4月	5月	6月	7月	8月	9月	10月	11月	12月
收入												
成本												
期间费用												
存货余额												
毛利率												
收入费用率												
能耗率												
运费率												
利润率												
收入变动率												
成本变动率												
费用变动率												
固定资产折旧率												

续表

项目\期间	2022年度											
	1月	2月	3月	4月	5月	6月	7月	8月	9月	10月	11月	12月
无形资产摊销率												
存货周转率												
所得税贡献率												
流转税税负率												
整体税负率												

四、企业上缴税费汇总表

企业上缴税费汇总表如表9-4所示：

表9-4 企业上缴税费汇总表

税种\期间	2022年度											
	1月	2月	3月	4月	5月	6月	7月	8月	9月	10月	11月	12月
增值税												
营业税												
个人所得税												
企业所得税												
印花税												
城市维护建设税												
房产税												
教育费附加												
地方教育税												
地方教育附加税												
合计												

续表

期间 税种	2022年度											
	1月	2月	3月	4月	5月	6月	7月	8月	9月	10月	11月	12月
收入												
毛利率												
综合税负率												
增值税税负率												

企业上缴税费汇总表是企业纳税管理的一个重要工具，展现了企业的整体纳税金额情况、趋势变化情况和税负率变化情况。

这个工具是税体系的重要组成部分，是财务人员进行大量专业性工作和案头工作之后的一个综合表达。表中的每个税种都需要专业人士经过专业的计算和纳税申报工作，期间还需要填制大量的税务申报表格。

企业老板要关注并应用这个工具，对企业的纳税情况做到心中有数。

对于表中的各税种项目，每家企业并不完全相同，要根据本企业的实际纳税情况进行必要的增加和删减。标准是：将本企业实际缴纳的每一税费完整表达。

表中数字填报的是本月实际应交税费，指本月需要上交、次月月初或以后时间划款的金额。

企业所得税汇算清缴与第四季度填报数字如果存在差异，则可以根据汇算清缴实际结果进行调整。

第四季度所得税需要按年度汇算调整计算的金额表达，不能按预缴金额填报，尤其是有人为调整预缴金额的情况时，更要进行调整。总之，数字填报要前后保持一致性和一贯性，才能进行比较。

对于非按月缴纳的税种，将月份进行合并处理。例如，企业所得税按季度预缴，则表中按季度体现。

老板财税思维——如何搞定老板的财税痛点

账系统工具

一、采购单

所谓采购单,就是企业采购部门向原材料、燃料、零部件、办公用品等的供应者发出的订单。

采购单是企业向供应商采购的一种信息,形式简单,不含约束供应商的条款。只有在签订了采购合同后,才能填写采购单。

采购单如表9-5所示:

表9-5　采购单

订单编号:					厂方名称:			
采购内容:					厂方地址:			
联络人:	电话/传真:				联系人:	电话:	传真:	
下单日期:	交货日期:				送货地址:			
订单内容明细									
编号	品名	规格	尺寸	数量	单位	单价	金额(元)	备注
总计:					厂方签字/盖章: 日期:　年　月　日			

二、报销单

费用报销单据如表 9-5 和表 9-6 所示:

表9-5 费用申请单

申请人:	申请部门:	申请日期:
申请理由:		
申请金额（大小写）:		
总经理批准:	申请人:	财务:

表9-6 报销单据粘贴单

部门		报销人		报销理由		批准人	
票据粘贴处					单 据		张
^					合计金额		元
^					其中	车票船	
^					^	火车票	
^					^	飞机票	
^					^	住宿费	
^					^	其他	
^					^	补贴	
复核		出纳			报销日期 年 月 日		

三、出入库单

1. 出库单

出库单就是商家打给自己的单子，是商家之间互相调货的凭证，便于对账和结算，减少现金支付。出库单如表 9-7 所示:

表9-7 出库单

借助出库单，商家乙就能向商家甲收款。出库单和入库单是配套的，便于以后的对账和收款。这样，不仅可以简化经常合作的商家之间的交易程序，也会提高市场流动性。

出库单一式多份，一般为买家、卖家、存根、交易支付，用不同颜色区分。

在出库单上面填有货品名、数量、单价、交易额、买卖方、经手人、日期等信息。

商家提货时，提供入库单，填写出库单并加盖印章或签名，被提货方可以凭借出库单找提货方收款。

出库单还可以被运用到一些公司和单位的部门间物品出库，设存根、财务、回联三栏，提货时由相关部门的负责人或领导签字同意，减少了现金支付，让账务更明细。

2. 入库单

入库单是对采购实物入库数量的确认，也是对采购人员和供应商的一种监控。若对实物入库控制不严，采购人员与供应商就容易串通舞弊，引发虚报采购量、实物短少等风险。

入库单是商家之间互相调货的凭证。比如，商家甲从商家乙手中拿了货物，商家甲就会给商家乙一张入库单，上面写明什么时间拿了货物、货物型号和价格；同时，写明两个商家的名称，并且要有商家甲的印章。之后，商家乙就能凭这张入库单找商家甲收款。

材料入库单如表9-8所示：

表9-8 材料入库单

仓库名称：

编号：　　　　　　　　　　　　年　　　月　　　日

材料编号	材料名称	规格型号	计量单位	数量	计划单价	金额

四、财务报销流程管理制度

日常财务费用主要包括差旅费、电话费、水电费、交通费、办公费、业务活动费、低值易耗品及备品备件、业务招待费、培训费、资料费等。在一个预算期间内，各项费用的累计支出原则上不能超出预算。

1. 费用报销的一般流程

（1）报销人整理报销单据，填写费用报销单；

（2）须办理申请或出入库手续的人员，要附批准后的申请单或出入库单；

（3）部门经理审核签字；

（4）财务部门复核；

（5）总经理审批；

（6）董事长审批；

（7）到出纳处报销。

2. 差旅费报销流程

（1）出差申请。拟出差人员填写《出差申请表》，详细注明出差地点、目的、行程安排、交通工具及预计差旅费用等项目，由总经理批准；

（2）借支差旅费。出差人员将审批过的《出差申请表》交给财务部，按借款管理规定办理借款手续，出纳按规定支付所借款项；

（3）购票。出差人员持审批过的出差申请复印件，到行政部订票；短途出差，自己到车站购票；

（4）返回报销。出差人员回公司后5个工作日内，办理报销事宜，根据差旅费用标准填写《差旅费报销单》，部门经理审核签字，财务部审核签字，总经理审核，董事长审批。原则上，前款未清者，不办理新的借支。

3. 电话费和水电费报销流程

（1）电话费。办公室的固定电话费由行政部指定专人，按日常费用审批程序及报销流程办理报销手续；门店电话费由区域经理按日常费用审批程序及报销流程办理报销手续；如遇电话费异常变动情况，应到电信局查明原因；遇到特殊情况，要报总经理批示。

（2）水电费。门店报销水电费由区域经理按日常费用审批程序和报销流程办理报销手续；遇到水电费异常变动情况，应到供水和供电公司查明原因；遇到特殊情况，要报总经理批示。

4.交通费报销流程

(1)员工整理交通车票(含因公公交车票),在车票背面签经办人名字,并由行政部派车人员签字确认,按规定填好《交通费报销单》;

(2)按日常费用审批程序审批;

(3)员工持审批后的报销单到财务处办理报销手续。

5.办公费、低值易耗品报销流程

(1)购置申请。公司行政部每季度都可以根据需求及库存情况按预算管理办法编制购置预算,在实际购置时,填写《购置申请单》,按资产管理办法规定报批。

(2)报销程序。报销人先填写《费用报销单》(附出入库单),按日常费用审批程序报批;然后将审批后的报销单及原始单据(包括结账小票)直接交给财务部,按日常费用报销流程付款或冲抵借支。

(3)费用归集。财务部按月根据行政部提供的各部门领用金额统计表,核算各部门相关费用。库存用品作为公共费用,待实际领用时再分摊。

钱系统工具

一、现金预测报表

现金流量预算是一种综合性预算，又称为现金预算，是对预算期现金流转时间和金额数量的预算。

企业现金流量预算主要包括现金收入、现金支出、现金多余或不足的测算、不足部分的筹措方案和多余部分的利用方案等。

具体公式如下：

可供使用现金 = 期初现金余额 + 销货现金收入

现金余缺 = 可供使用现金 – 现金支出

期末现金余额 = 现金余缺 + 资金筹措及使用

二、现金流量表的编制方法

现金流量表的编制方法有两种：一种是直接法，另一种是间接法。

1. 直接法

以销售（营业）收入的收现数为起算点，分别列出其他收入与费用项目的收现数和付现数，直接将最终的现金净流量反映出来。

2. 间接法

以本年净利润为起算点，对不涉及现金收付的各种会计事项进行调

续表

整,最后得出现金净流量。

我国《会计准则——现金流量表》规定:应采用直接法报告经营活动的现金流量。

常见的直接法有工作底稿法和T形账户法。

(1)工作底稿法。采用工作底稿法编制现金流量表,就是以工作底稿为手段,以损益表和资产负债表的数据为基础,对各项目进行分析并编制调整分录,编制出现金流量表。

工作底稿横向分成5栏。

在资产负债表部分:

第一栏为项目栏,主要填列资产负债表各项目。

第二栏为期初栏,主要填列资产负债表的期初数。

第三栏为调整分录的借方。

第四栏为调整分录的贷方。

第五栏为期末数,主要填列资产负债表的期末数。

在损益表和现金流量表部分:

第一栏为项目栏,主要填列损益表和现金流量表各项目。

第二栏空置不填。

第三、四栏分别是调整分录的借方和贷方。

第五栏为本期数,这栏数字应和本期损益表数字核对相符,可以直接用来编制正式的现金流量表。

采用工作底稿法编制现金流量表的程序如下:

第一步,将资产负债表的期初数和期末数过入工作底稿中的期初数栏和期末数栏。

第二步，对当前业务进行分析，编制调整分录。

第三步，将调整分录过入工作底稿中的相应部分。

第四步，核对调整分录，借贷合计应当相等，资产负债表期初数加减调整分录中的借贷金额后应当等于期末数。

第五步，根据工作底稿中的现金流量表项目部分，编制正式的现金流量表。

（2）T形账户法。采用T形账户法，就是以T形账户为手段，以损益表和资产负债表的数据为基础，对每个项目进行分析，编制调整分录，编制现金流量表。

采用T形账户法编制现金流量表的程序如下：

第一步，为所有的非现金项目（包括资产负债表和损益表项目）分别开设T形账户，并将各自的期末、期初变动数过入各自的账户。

第二步，开设一个大的"现金及现金等价物"T形账户，每边分为经营活动、投资活动和筹资活动三部分，左边记录现金收入，右边记录现金支出。与其他账户一样，过入期末、期初变动数。

第三步，以损益表项目为基础，结合资产负债表，对各非现金项目的增减变动进行分析，并编制调整分录。

第四步，将调整分录过入T形账户，并进行核对。该账户借贷相抵后的余额应当与原过入的期末期初变动数保持一致。

第五步，根据大的"现金及现金等价物"T形账户，编制正式的现金流量表。

三、客户信用申请和评估表

客户信用申请和评估表如表9-9所示：

表9-9　客户信用申请和评估表

客户填写			
企业名称			
经营范围			
经营地址		注册地址	
电话号码		传真号码	
企业性质		财务负责人	
法定代表人		经营负责人	
职工人数		开户银行及账号	
年度协议量		是否为承包	
本公司保证以上信息及所附的报表和资格证书复印件是真实的,如有重大隐瞒或错误,本公司对由此造成的贵公司损失负赔偿责任			
业务联络人		客户签章	
请客户提供营业执照复印件、税务登记证复印件			
营销部门填写			
客户分类		规模及行业影响力	
客户的经营管理水平		合作紧密度,是否经营同业竞争产品	
申请额度		其他不良行为(如是否发生质量索赔及拒付和减少付款理由)	
销售代表签字		营销部门负责人签字	
财务部门填写			
新客户		老客户	
客户注册资本与申请额度比值		申请前月平均发货	
现金余额与申请额度比值		申请前平均收款时间	
销售利润率		回款率	
流动比率		催款次数	
负债率		年度协议量	
核决结果			
核定额度		核决人签字	

管系统工具

一、本量利分析模型

本量利分析是"成本—产量(或销售量)—利润"依存关系分析的简称,也叫作 CVP(Cost-Volume-Profit Analysis)分析。

在相关范围和线性假设的前提下,本量利分析法可以通过数学化的线性模型和图表,揭示固定成本、变动成本、销售量、销售收入和利润的关系,为预测决策和规划提供财务支持。

1. 盈亏平衡点分析

通过销售收入和总成本交叉点来确定产销量,达到不赢不亏的状态。盈亏平衡点的作业率常被用来评价企业的经营安全程度。

2. 保利点分析

为了实现目标利润而要达到一定的产销量,如果保利量或保利额很难实现,则可能需要更多的努力,如降低单位成本或提高售价。

本量利分析是以成本性态分析和变动成本法为基础的,其基本公式如下:

税前利润 = 销售收入 − 总成本 = 销售价格 × 销售量 −(变动成本 +

固定成本）= 销售单价 × 销售量 – 单位变动成本 × 销售量 – 固定成本

即

$P=px-bx-a=(p-b)x-a$

式中，P 为税前利润；p 为销售单价；b 为单位变动成本；a 为固定成本；x 为销售量。

该公式是本量利分析的基本出发点，以后的所有本量利分析都是在该公式的基础上进行的。

二、固定资产投资风险基本模型

固定资产投资风险基本模型如表 9-10 所示：

表9-10　固定资产投资风险基本模型

基本模型	内容	第1年	第2年	第3年	第4年	第5年	第6年
现金流入	毛利增加	1000	1000	1000	1000	1000	1000
	成本节约	50	50	50	50	50	50
现金流入小计		1050	1050	1050	1050	1050	1050
现金流出	初始投资	2500					
	固定资产更新改造				375		
	日常维护费用	75	75	75	75	75	75
	银行利率	164	164	164	164	164	164
	其他付现成本及费用	1	1	1	1	1	1
现金流出小计		2740	240	240	615	240	240
净现金流		1690	810	810	435	810	810

说明：

　　IRR-投资回报率　　　38%　　　　　　初始投资　%　投资构成
　　NPV-净现值（万元）　1311元（人民币）　股东投入　50%　2500
　　PP-投资回报率（年）　2.16　　　　　　银行贷款　50%　2500
　　　　　　　　　　　　　　　　　　　　　总计　　100%　5000

提示：

（1）合理利用财务杠杆的投入产出比放大效应，在风险可控的前提下提高贷款比例。

（2）在条件允许的情况下，灵活安排还款计划。

（3）尽量推迟各项付现支出的发生时间。

三、专项成本分解控制模型

专项成本分解控制模型如表9-11和表9-12所示：

表9-11　人力资源专项成本分解模型

序号	名称	序号	名称
1	取得成本	1.1	原始成本
		1.2	招募成本
		1.3	选拔成本
		1.4	录用成本
		1.5	安置成本
2	开发成本	2.1	岗位教育成本
		2.2	岗位培训成本
		2.3	脱产培训成本
3	使用成本	3.1	维护成本
		3.2	奖励成本
		3.3	调剂成本
4	离职成本	3.1	补偿成本
		3.2	离职前低效率成本
		3.3	离职成本